오! 놀라운

하루 3줄 초등 글쓰기

달별 지음 · 안상현 감수

추천사

글쓰기는 왜 중요할까요?

안녕하세요. 초등교사 안쌤입니다!

자녀들이 행복한 학교 생활을 하고 있나요? 저 또한 교직 생활을 하며 학생들이 교실에서 행복하게 지낼 수 있도록 많은 고민과 노력을 하고 있습니다. 그러나 해마다 반복되는 안타까운 상황들이 종종 발생합니다.

그중 한 가지가 바로 '글쓰기'입니다. 글쓰기를 재밌어하는 학생들이 있는 반면, 글쓰기를 정말 싫어하는 학생도 있고, 심지어 글쓰기 자체를 두려워하는 학생들도 있습니다. 왜 이런 일이 일어나는지, 또 어떤 방법으로 지도하면 좋을지 언급하기 이전에 학교 생활에서 글쓰기가 어떤 영향을 미치고, 어느 정도 연관이 있는지 등을 먼저 파악하시면 좋겠습니다.

기본적으로 모든 수업 시간에는 학생의 쓰기 활동이 포함되어 있습니다. 국어는 물론 사회, 과학 등 모든 교과서에는 질문이 있고, 그에 대한 답을 적어야 합니다. 저학년일수록 문제와 정답의 길이가 짧을 것이고, 학년이 올라갈수록 문장의 길이가 점점 길어집니다. 저학년 때부터 정답 쓰기, 짧은 글쓰기를 어려워한다면 당연히 학년이 올라갈수록 점점 힘들어할 가능성이 높아집니다. 특히나 과정 중심평가가 되면서 서술형 문제의 비중이 늘어나고 있으니까요. 자발적으로 손을 들어 의사를 표현하는 발표와는 달리, 글쓰기는 보통 교과서 문제 풀이나 단원평가, 수행평가 등 모든 학생이 반드시 참여해야 하는 활동이기 때문에 학과 수업과 정말 큰 연관이 있습니다.

수업 시간 외에는 글쓰기 활동이 상관없을까요? 안타깝지만 그렇지 않습니다. 초등학교 입학부터 졸업하기 전까지 대부분의 학년에는 일기와 독서록(독서감상문)이 기본 숙제입니다. 특히 학생들의 글쓰기 실력은 일기와 독서록 뿐 아니라, 학교 주관의 행사나 대회(글짓기 대회, 독서감상문 대회 등)에서도 명확하게 드러납니다.

글쓰기 실력도 늡니다. 1줄, 2줄, 3줄로!

학년마다 있는 일기쓰기와 독서록 쓰기 수업을 하다 보면 깜짝 놀라는 경우가 많습니다. 같은 학년이라도 글 쓰는 실력이 정말 다양하기 때문입니다. 사실 이런 상황은 학생들의 실력 때문은 아닙니다. 학생들도 자신이 아는 범위 내에선, 본인이 할 수 있는 한에서는 최선을 다하고 있습니다. 그러나 많은 가정에서는 자녀들의 글쓰기에 대한 지도는 크게 신경을 쓰지 않습니다. 막연히 학년이 올라갈수록 실력이 늘 것으로 생각합니다. 과연 그럴까요?

'학습 격차, 학업 격차'라는 단어 많이 들어보셨죠? 이전 학년에서 배운 학습 내용을 모르면, 다음 학년에 올라가서 어려운 상황이 이어지게 됩니다. 글쓰기도 마찬가지입니다. 저학년 수준의 글쓰기에 공백이 생기면 당연히 고학년이 되어서도 혼자 해결하기 쉽지 않습니다. 앞에서 언급한 것처럼 학년이 올라갈수록 글을 써야 하는 활동도 많아지고, 글을 써야 하는 내용도 어려워지기 때문입니다. 저학년에서 글쓰기 연습이 되어 있지 않으니 고학년이 되었다고 어느 날 갑자기 글쓰기를 잘 할 수 없겠지요.

학생들은 글 쓰는 방법을 단계적으로 배울 필요가 있습니다. 학생들이 글쓰기를 두려워하고 어려워하는 것 '어떻게 써야 하는지' 방법을 제대로 모르기 때문입니다. 그러니 무작정 '글 써!'라는 지시가 아닌, '이렇게 써 보자'라고 구체적인 방법으로 지도하는 것이 필요합니다. 처음부터 한 편의 글을 쓰기란 쉬운 일이 아니므로, 쉬운 낱말 조합하여 한 문장을 쓰고, 문장과 문장을 이어 2문장, 3문장까지 써 나갈 수 있도록 하나씩 하나씩 단계적으로 연습할 수 있도록 이끌어 주시면 좋겠습니다.

'하루 3줄, 초등 글쓰기'는 한 문장을 제대로 쓰는 방법부터 차근차근 연습하고, 이것을 기초로 2문장, 3문장까지 연습할 수 있는 책입니다. 이 책을 통해 저학년 때부터 글 쓰는 방법을 하나씩 하나씩 차례대로 배워나간다면, 앞으로의 글쓰기 활동에 자신감을 지닐 수 있을 것이라 생각합니다.

목 차

추천사 ·· 4
하루 3줄 초등 글쓰기의 힘! ·· 10

1장 간단한 문장 쓰기
DAY 01 문장의 주인말 바로 쓰기 ·· 16
DAY 02 문장의 풀이말 바로 쓰기 ① ·· 20
DAY 03 문장의 풀이말 바로 쓰기 ② ·· 24
DAY 04 움직임의 대상이 되는 말 바로 쓰기 ································ 28
DAY 05 뜻을 보충하는 말 바로 쓰기 ·· 32
재미잼 ❶ 창의퐁퐁 말꼬리 잡기 ··· 36

2장 특별한 문장 쓰기
DAY 06 비교 대상 넣어 쓰기 ·· 40
DAY 07 함께 움직이는 대상 넣어 쓰기 ·· 44
DAY 08 장소, 방향 넣어 쓰기 ··· 48
DAY 09 받는 대상 넣어 쓰기 ·· 52
DAY 10 자격 대상 넣어 쓰기 ·· 56
재미잼 ❷ 엉뚱깽뚱 이야기 ··· 60

3장 풍성한 문장 쓰기
DAY 11 매김말로 꾸며 쓰기 ·· 64
DAY 12 어찌말로 꾸며 쓰기 ·· 68
DAY 13 소리를 흉내 내는 말로 꾸며 쓰기 ···································· 72
DAY 14 모양을 흉내 내는 말로 꾸며 쓰기 ···································· 76
DAY 15 장소, 시간을 넣어 꾸며 쓰기 ·· 80
재미잼 ❸ 흥미진진 스토리텔링 ··· 84

4장 자세한 문장 쓰기

DAY 16	예를 들어 쓰기	88
DAY 17	빗대어 쓰기	92
DAY 18	비교하여 쓰기	96
DAY 19	전체를 나누어 쓰기	100
DAY 20	상상하여 쓰기	104
재미잼 ❹	가로 세로 낱말 퀴즈	108

5장 이어진 문장 쓰기

DAY 21	비슷한 내용 이어 쓰기	112
DAY 22	반대되는 내용 이어 쓰기	116
DAY 23	순서대로 이어 쓰기	120
DAY 24	이유를 이어 쓰기	124
DAY 25	결과를 이어 쓰기	128
재미잼 ❺	뚝딱뚝딱 이야기 책	132

부록

1	도움 답안	136
2	자주 쓰는 의성어, 의태어	146
3	즐거운 일기 쓰기	148
4	뚝딱, 독서카드 쓰기	151
5	읽기 쉽게 띄어쓰기	152
자료	이야기 책 도안	157

이렇게 활용하세요

글쓰기의 시작인 문장 이해를 바탕으로 한 줄 글쓰기부터 세 줄 글쓰기까지 차례대로 연습하면서 문장력을 탄탄하게 기릅니다. 한 단계씩 따라 하면 **하루 3줄 초등 글쓰기**, 문제 없어요!

1단계 글쓰기의 기본을 익혀요.

★ 그림을 보고 문장에 필요한 핵심어를 문장 쓰기를 연습해요.

★ 글쓰기에서 꼭 알아야 할 내용을 공부해요.

★ 문장 쓰기에 필요한 다양한 어휘를 익혀요.

책 속 QR코드를 스캔하면 문장 짓기 해설을 영상으로 확인할 수 있어요.

2단계 한 줄 글쓰기를 연습해요.

★ 문장 구조를 익히고, 논리적으로 연결하여 문장을 완성해요.

★ 다양한 어휘를 활용해 문장을 익혀요.

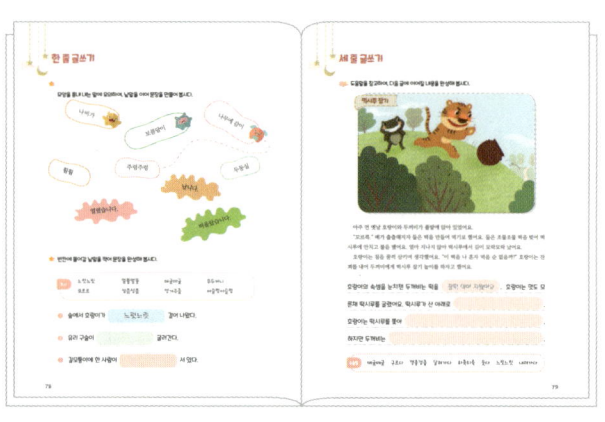

3단계 세 줄 실전 글쓰기를 연습해요.

★ 재미있는 이야기를 읽으며 그날 배운 문장 구조를 확인해요.

★ 그날 배운 내용으로 혼자서도 글쓰기를 연습해요.

 **어휘력이 쑥쑥 늘어요.**

말놀이, 낱말 퍼즐, 이야기 책 만들기 등
재미있는 놀이를 하며 글쓰기에 흥미를 가져요.

알찬 부록

일기, 독서카드처럼 초등학교에서 자주 쓰는
다양한 형식의 글쓰기를 연습해요.

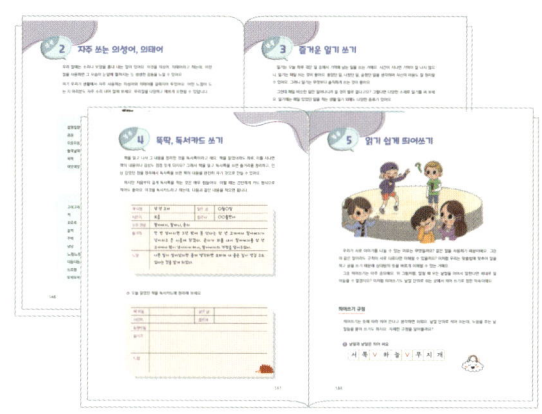

초등 교과 연계로 효과적으로 공부해요!

1학년 1학기
7. 생각을 나타내요   9. 그림일기를 써요

1학년 2학기
1. 소중한 책을 소개해요   2. 소리와 모양을 흉내 내요   3. 문장으로 표현해요
7. 무엇이 중요할까요   8. 띄어 읽어요   9. 겪은 일을 글로 써요
10. 인물의 말과 행동을 상상해요

2학년 1학기
3. 마음을 나누어요   5. 낱말을 바르고 정확하게 써요   6. 차례대로 말해요
7. 친구들에게 알려요   9. 생각을 생생하게 나타내요   11. 상상의 날개를 펴요

2학년 2학기
1. 장면을 떠올리며   2. 인상 깊었던 일을 써요   3. 말의 재미를 찾아서
6. 자세하게 소개해요   7. 일이 일어난 차례를 살펴요   9. 주요 내용을 찾아요
11. 실감 나게 표현해요

3학년 1학기
2. 문단의 짜임   4. 내 마음을 편지에 담아   5. 중요한 내용을 적어요
6. 일이 일어난 까닭   8. 의견이 있어요   9. 어떤 내용일까

3학년 2학기
2. 중심 생각을 찾아요   3. 자신의 경험을 글로 써요   4. 감동을 나타내요
6. 마음을 담아 글을 써요   7. 글을 읽고 소개해요   8. 글의 흐름을 생각해요

하루 3줄 초등 글쓰기의 힘!

글을 쓴다는 것은?

말과 글은 기본적인 의사소통 활동으로, 언제 어디서든 꼭 필요한 활동이라고 할 수 있어요. 우리는 마음속 생각을 말과 글로 풀어내어 다른 사람과 원활하게 의사소통을 하고, 마음속 감정을 드러내어 자신과 타인을 위로하기도 하지요.

이 중 글쓰기는 마음속에 있던 생각을 글로 표현하는 것이에요. 생각은 금세 사라지기 때문에 글로 남기는 것은 매우 중요해요. 하지만 어떤 친구들은 글쓰기를 어렵다고 생각해요. 생각은 쉬운데 글 쓰는 것은 왜 어렵게 느껴질까요?

하지만 사실 우리는 항상 글쓰기를 하고 있어요. 간단한 쪽지나 카드에서부터 일기나 편지에 이르기까지, 우리는 이미 글을 통해 자기의 생각과 감정을 전하고, 타인을 이해하고 있지요. 이처럼 글쓰기는 자신을 있는 그대로 받아들이고 타인을 이해함으로써, 따뜻한 마음과 사회성을 기르는 활동이에요.

글쓰기는 왜 중요할까요?

글쓰기는 왜 중요할까요? 글은 생각을 담는 그릇과 같아서, 금세 사라지는 생각을 담아둘 수 있어요. 그래서 방금 머릿속에 떠오른 것을 글로 적어 놓으면 논리적이고 객관적으로 생각할 수 있지요. 또 아무리 생각이 창의적이어도, 전달하는 글이 뒤죽박죽이라면 그 의미는 훼손될 거예요. 그래서 글로 쓰면 머릿속 생각을 한번 더 정리할 수 있고 부족한 부분도 확인할 수 있어요. 이처럼 글쓰기는 창의력은 물론 사고력과 논리력까지 두루 함양할 수 있는 좋은 활동이에요.

그렇다면 어떻게 해야 글을 잘 쓸 수 있을까요? 누군가와 이야기를 나눌 때, 서로 동문서답을 하지 않으려면 상대가 이야기하는 것이 무엇인지 정확하게 이해하는 것이 중요하지요? 예를 들어 '너는 강아지를 좋아하니?'라는 질문에 '나는 고양이를 좋아해.'라고 대답한다면, 도대체 강아지를 좋아하는 것인지 아닌지 헷갈릴 수 있어요. 글을 쓸 때도 마찬가지예요. 글에서 이야기하는 주제를 문장의 중심으로 잡고 한 문장씩 풀어나간다면 쉽고 정확하게 글을 쓸 수 있어요.

처음부터 글을 잘 쓰는 사람은 없어요. 여러 번 다양한 글을 쓰다 보면 글쓰기가 재미있게 느껴질 거예요. 이때 경험은 글쓰기의 중요한 바탕이 됩니다. 소소한 일상이라도 그냥 지나치지 말고 그때의 마음을 떠올리며 글로 표현해 보세요. 또 책 읽기를 통해 경험한 것도 자기만의 언어로 표현해 보세요. 나도 모르게 글을 쓰는 힘이 자라날 거예요!

글쓰기가 쉬워지는 3가지 마법!

짧은 것에서 긴 것으로

처음에는 단어에서 생각의 꼬리를 잡고 그것을 이어 간단한 문장을 쓰세요. 문장은 생각이나 느낌을 표현할 때 완결된 내용을 나타내는 가장 작은 단위예요. 그러니 처음에는 기본적인 문장 쓰기를 익히는 것이 중요해요. 그것에 익숙해지면 문장을 이어서 조금 더 긴 문장으로 씁니다. 문장을 이을 때는 앞뒤 내용에 따라 알맞은 이음말을 쓰면 돼요. 이음말을 살펴볼까요?

- **그리고, 또**   앞 문장과 비슷한 내용을 이을 때 써요.
- **그러나, 하지만**   앞 문장의 내용과 반대되는 내용을 이을 때 써요.
- **그런데**   앞서 얘기한 것과 다른 방향의 내용을 이을 때 써요.
- **그래서, 그러므로, 따라서**   앞 문장의 결과를 이을 때 써요.
- **왜냐하면**   앞 문장의 이유를 이을 때 써요.
- **그러면**   앞서 말한 내용이 이루어진다면 어떻게 될지 나타내는 문장을 이을 때 써요.

문장의 성분을 잘 맞춰요.

문장을 쓸 때는 꼭 필요한 성분들이 있어요. 문장의 주인이 되는 주인말(주어)과 그것을 풀어주는 풀이말(서술어)이 꼭 필요해요. 여기에 풀이말의 대상이 되는 부림말(목적어)이나 풀이말을 보충하는 보충말(보어)도 꼭 필요한 성분이에요. 이때 이 성분들이 관계를 잘 맞춰서 써야 해요. 예를 들어 '바람은 무섭다'는 주인말과 풀이말이 잘 맞지 않아서 이 문장만으로는 그 뜻을 제대로 이해할 수 없어요. 바람은 무서운 것을 느낄 수 없으니까요. (아마 글쓴이는 '바람이 무섭게 분다' 혹은 '바람이 세게 불어서, 나는 무서웠다'라는 뜻을 전하고 싶었을 거예요.) 이렇듯 문장의 각 성분을 잘 맞춰서 쓰는 것은 아주 중요해요.

≫ 내용에 따라 알맞은 종류의 문장을 써요.

문장에는 여러 종류가 있어요. 어떤 뜻을 전하고 싶은지에 따라 다음 다섯 가지 중 하나로 표현할 수 있어요.

- **풀이하는 문장** 일반적으로 설명하거나 의견을 표현할 때 써요. 문장 끝에 마침표(.)를 찍어요.
  - 예) 원주는 사과를 좋아합니다.

- **묻는 문장** 무엇을 물어볼 때나 되물을 때 사용하지요. 문장 끝에 물음표(?)를 찍어요.
  - 예) 유미는 사과를 좋아합니까?

- **감탄하는 문장** 자기의 마음을 드러내어 표현할 때 써요. 문장 끝에 마침표(.)나 느낌표(!)를 찍어요.
  - 예) 사과가 정말 먹음직스럽구나!

- **명령하는 문장** 무엇을 시킬 때 쓰는 문장이에요. 문장 끝에 마침표(.)나 느낌표(!)를 찍어요.
  - 예) 원주야, 사과를 먹어!

- **권하는 문장** 상대에게 무엇을 권할 때 쓰는 문장이에요. 명령문과 달리 부드러운 느낌을 주지요.
  - 예) 유미야, 사과를 먹자.

글쓰기는 시간이 많이 걸리는 활동이에요. 처음부터 잘하려고 부담 갖지 말고 편안한 마음으로 시작하세요.

1장

간단한 문장 쓰기

글쓰기의 기초는 문장 구조를 이해하는 것에서 시작해요. 여기서는 문장에 꼭 필요한 주인말과 풀이말 등을 배워 봅시다. 조금도 어렵지 않아요. 하나씩 천천히 함께 익혀요!

DAY 01	문장의 주인말 바로 쓰기
DAY 02	문장의 풀이말 바로 쓰기 ①
DAY 03	문장의 풀이말 바로 쓰기 ②
DAY 04	움직임의 대상이 되는 말 바로 쓰기
DAY 05	뜻을 보충하는 말 바로 쓰기
재미잼 ①	창의퐁퐁 말꼬리 잡기

DAY 01 문장의 주인말 바로 쓰기

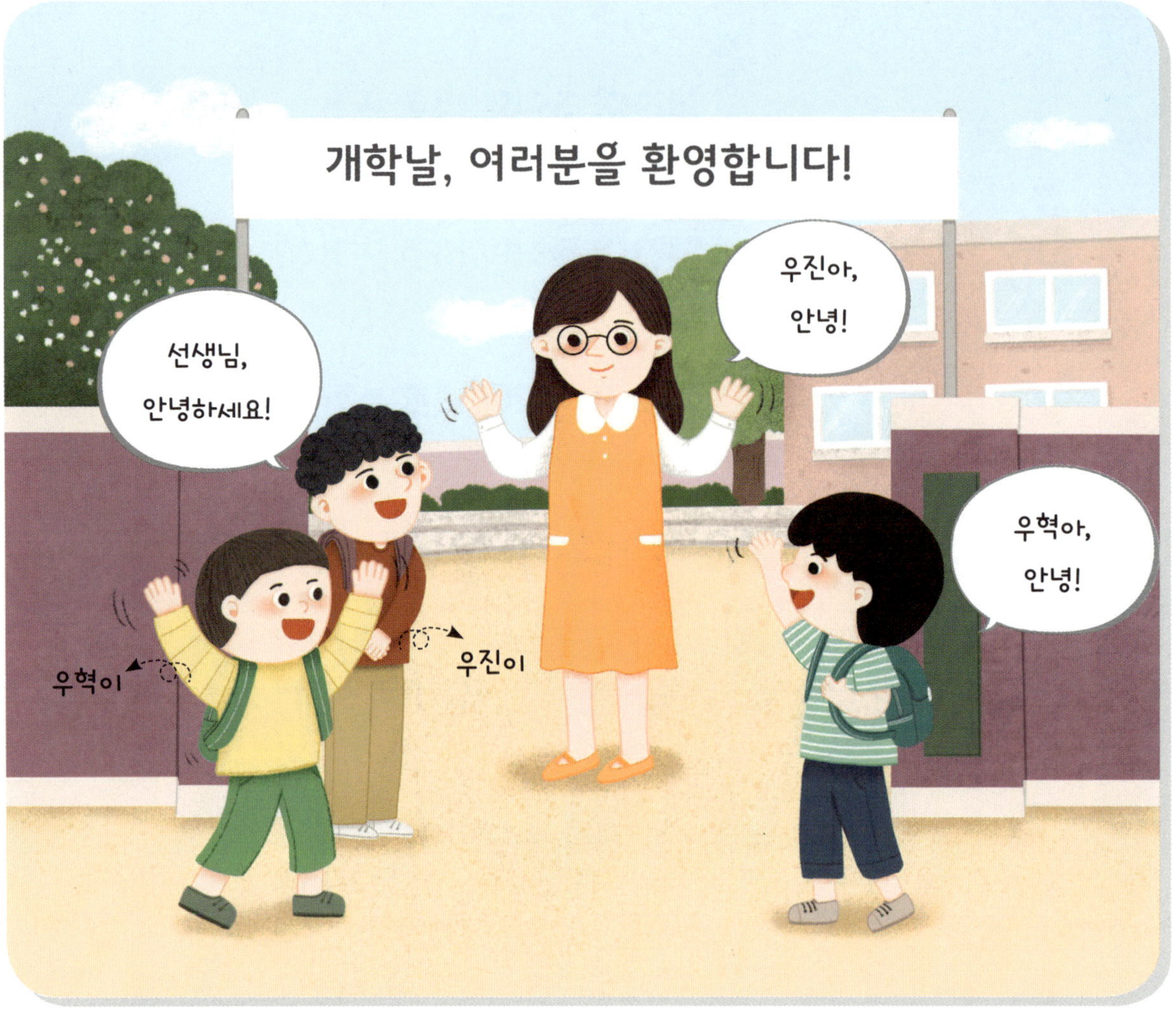

★ 문장 안에는 '누가' 무엇인지, '누가' 어떤 행동을 하는지, '무엇이' 어떤 상태인지를 나타내는 낱말이 있어요. 위 그림을 보고 문장을 완성해 봅시다.

① 오늘은 개학날, ___날씨가___ 아주 맑아요.

② _____ 함께 학교에 가요.

③ 교문 앞에서 _____ 반갑게 맞이해요.

보기 날씨가   선생님이   우진이와 우혁이는

문장 안에는 '누가' 무엇인지, '누가' 어떤 행동을 하는지, '무엇이' 어떤 상태인지를 나타내는 낱말이 있어요. 바로 이 낱말이 '주인이 되는 말'이에요. 사람이나 사물 모두 문장의 주인이 될 수 있어요. 주인이 되는 낱말 뒤에 '~이', '~가', '~은', '~는'이 붙어요.

무엇이 / 누가 + 어찌하다 / 어떠하다 / 무엇이다

예) **예지가** 놀랐습니다.
→ '어찌하다'의 주인말
얼굴이 빨갛습니다.
→ '어떠하다'의 주인말
강아지 이름은 토토입니다.
→ '무엇이다'의 주인말

⭐ 다음 낱말에 어울리는 주인말을 적어 봅시다.

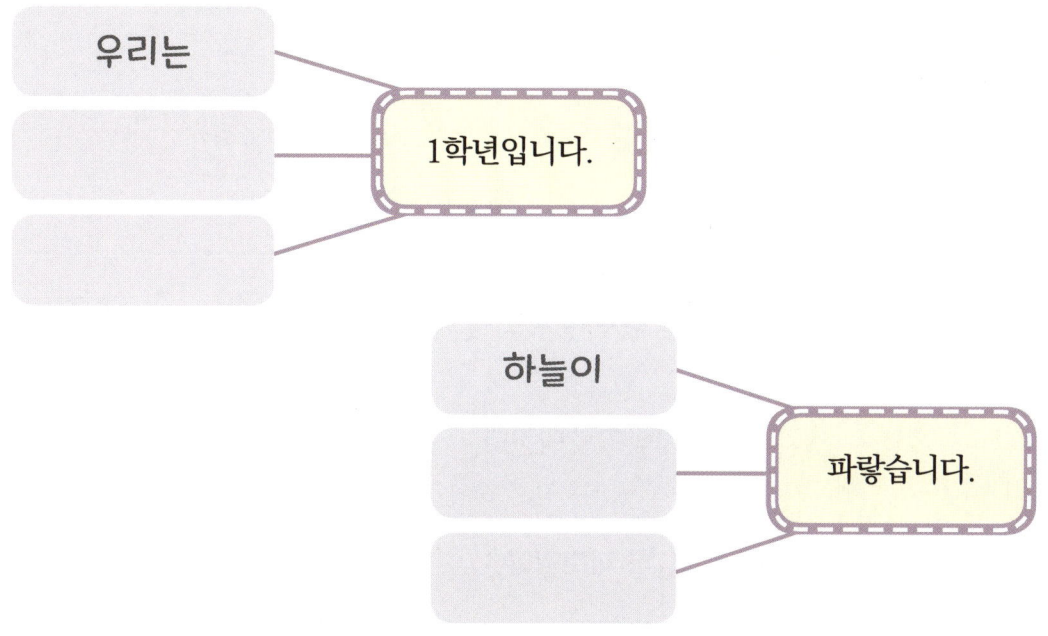

한 줄 글쓰기

⭐ 주인이 되는 말에 유의하여, 낱말을 이어 문장을 만들어 봅시다.

⭐ 빈칸에 들어갈 낱말을 적어 문장을 완성해 봅시다.

| 보기 | 우진이는 | 책은 | 사슴이 | 토끼가 | 도둑이 |
| | 책 읽기는 | 그 영화는 | 술래잡기는 | 강아지 토토는 | |

① 　우진이는　 내 친구이다.

② 　　　　　 재빨리 도망간다.

③ 　　　　　 정말 재미있다.

세 줄 글쓰기

도움말을 참고하여, 다음 글에 이어질 내용을 완성해 봅시다.

소금 장수와 기름 장수

옛날에 소금 장수와 기름 장수가 살았어요. 이들은 둘도 없이 친한 친구였지요. 어느 날 두 사람이 장에 가는 길에, 호랑이가 불쑥 나타났어요. 호랑이는 번개같이 달려들어 소금 장수를 한입에 삼켜 버렸어요. 기름 장수는 도망가지 않고 호랑이에 맞섰지만, 잠시 뒤 호랑이는 기름 장수마저 꿀꺽 삼켰어요. 호랑이 배 속에 떨어진 두 친구는 힘을 모아 꾀를 내었어요.

먼저 ___기름 장수가___ 호랑이 배에 불을 질렀어요.

그리고 _____ 곧장 불을 지른 곳에 소금을 뿌렸어요.

그러자 _____, 기름 장수와 소금 장수를 뱉어냈어요. 마침내 _____.

도움말: 소금 장수 호랑이 뛰다 두 친구 빠져나오다

DAY 02 문장의 풀이말 바로 쓰기 ①

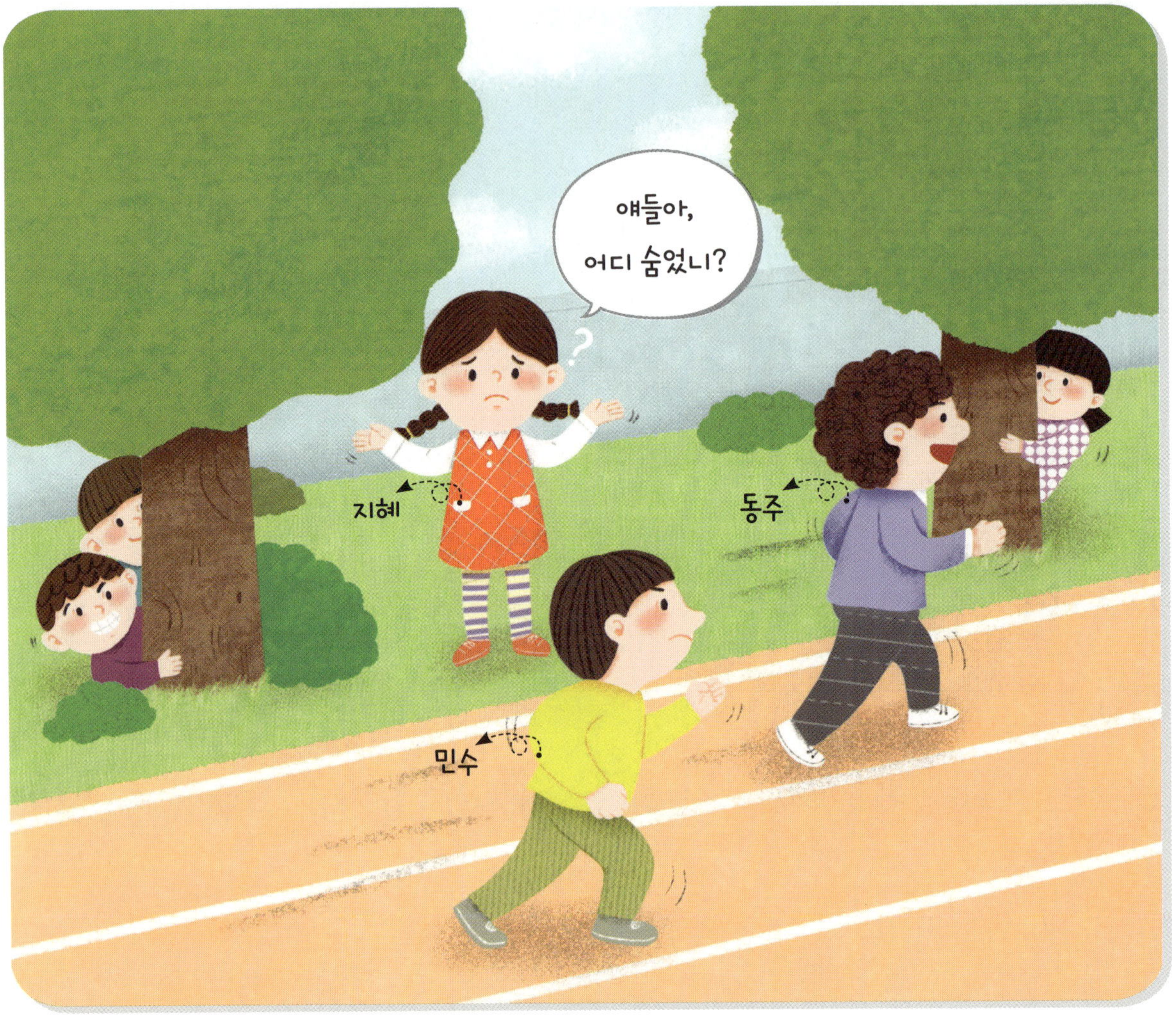

⭐ 문장 안에는 무엇이 '어떠한지'를 나타내는 낱말이 있어요. 위 그림을 보고 문장을 완성해 봅시다.

① 쉬는 시간이 되자 운동장이   시끌벅적해요   .

② 동주와 민수가 달리기를 해요. 동주는 엄청   .

③ 숨바꼭질에서 친구들을 찾지 못해 지혜는 정말   .

보기   시끌벅적해요   빨라요   속상해요

문장에는 문장 주인의 상태나 성질이 '어떠한지를 풀이하는 말'이 꼭 필요해요. 이러한 말은 뒤에서 배울 움직임을 풀이하는 말과는 달라서, 주로 색깔이나 상태, 감정 등을 나타내는 낱말이 쓰여요.

무엇이 / 누가 + **어떠하다** (감정, 느낌, 상태, 색깔)

예) 하늘이 **파랗습니다**.

사람들이 많아서 기차역이 **복잡합니다**.

우진이는 매우 **기쁩니다**.

예문에서 하늘의 모습을 '파랗다'라는 색깔을 나타내는 낱말로 표현했어요. 또 기차역의 상황을 '복잡하다'라는 낱말로, 내 감정을 '기쁘다'라는 낱말로 풀이했어요.

⭐ **다음 낱말에 어울리도록 상태나 성질을 나타내는 풀이말을 적어 봅시다.**

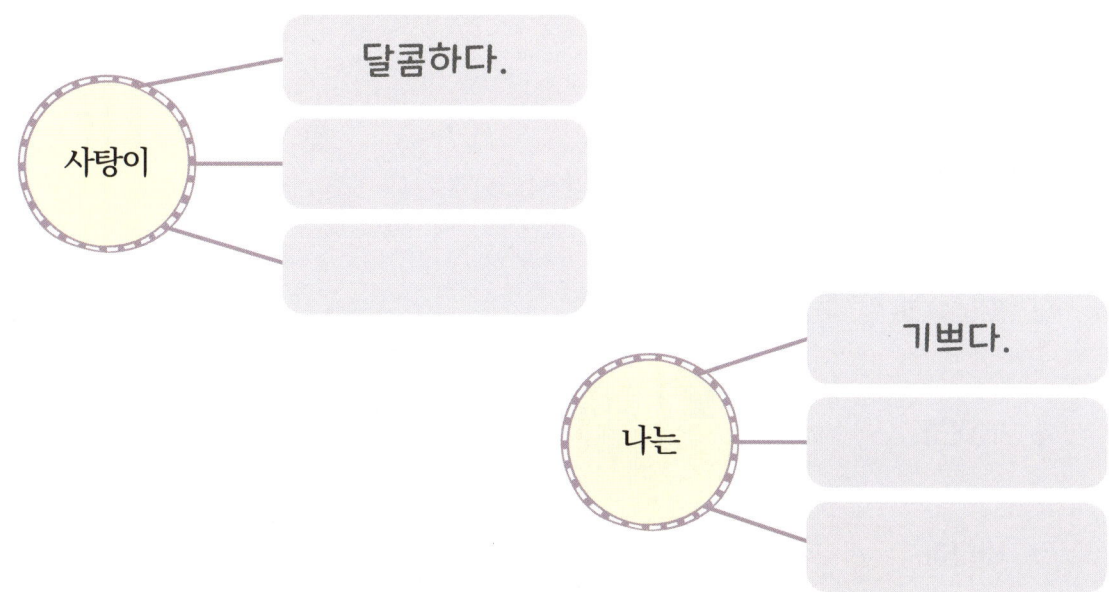

한 줄 글쓰기

⭐ 풀이하는 말에 유의하여, 낱말을 이어 문장을 만들어 봅시다.

⭐ 빈칸에 들어갈 낱말을 적어 문장을 완성해 봅시다.

보기	맵다	넓다	깊다	작다
	파랗다	빨갛다	부지런하다	

① 떡볶이가 　맵다　 .

② 개미가 ＿＿＿＿＿ .

③ 바다가 ＿＿＿＿＿ .

세 줄 글쓰기

도움말을 참고하여, 다음 글에 이어질 내용을 완성해 봅시다.

방귀쟁이 며느리

어느 마을에 마음씨 고운 새색시가 시집을 왔어요. 새색시는 얼굴도 예쁘고 집안일도 잘했어요. 시아버지는 그런 며느리가 사랑스러웠어요. 하지만 날이 갈수록 며느리의 얼굴빛이 누래졌어요. 시아버지는 그 모습이 걱정스러워 며느리에게 이유를 물었어요.

"실은, 시집 온 뒤로 방귀를 제대로 뀌지 못해 병이 든 것 같아요."

며느리의 얼굴이 발그레해졌어요. "사실은 _____."

"괜찮으니, 어서 방귀를 뀌렴." 시아버지의 말에 며느리는 배나무 아래서 방귀를 뀌었어요. 그러자 배나무가 심하게 흔들리더니, 커다란 배가 후두두 떨어졌어요.

시아버지는 깜짝 놀라며 말했어요. "_____!"

시아버지는 _____.

도움말: 방귀 소리   크다   네 재주   대단하다   며느리   자랑스럽다

DAY 03 문장의 풀이말 바로 쓰기 ②

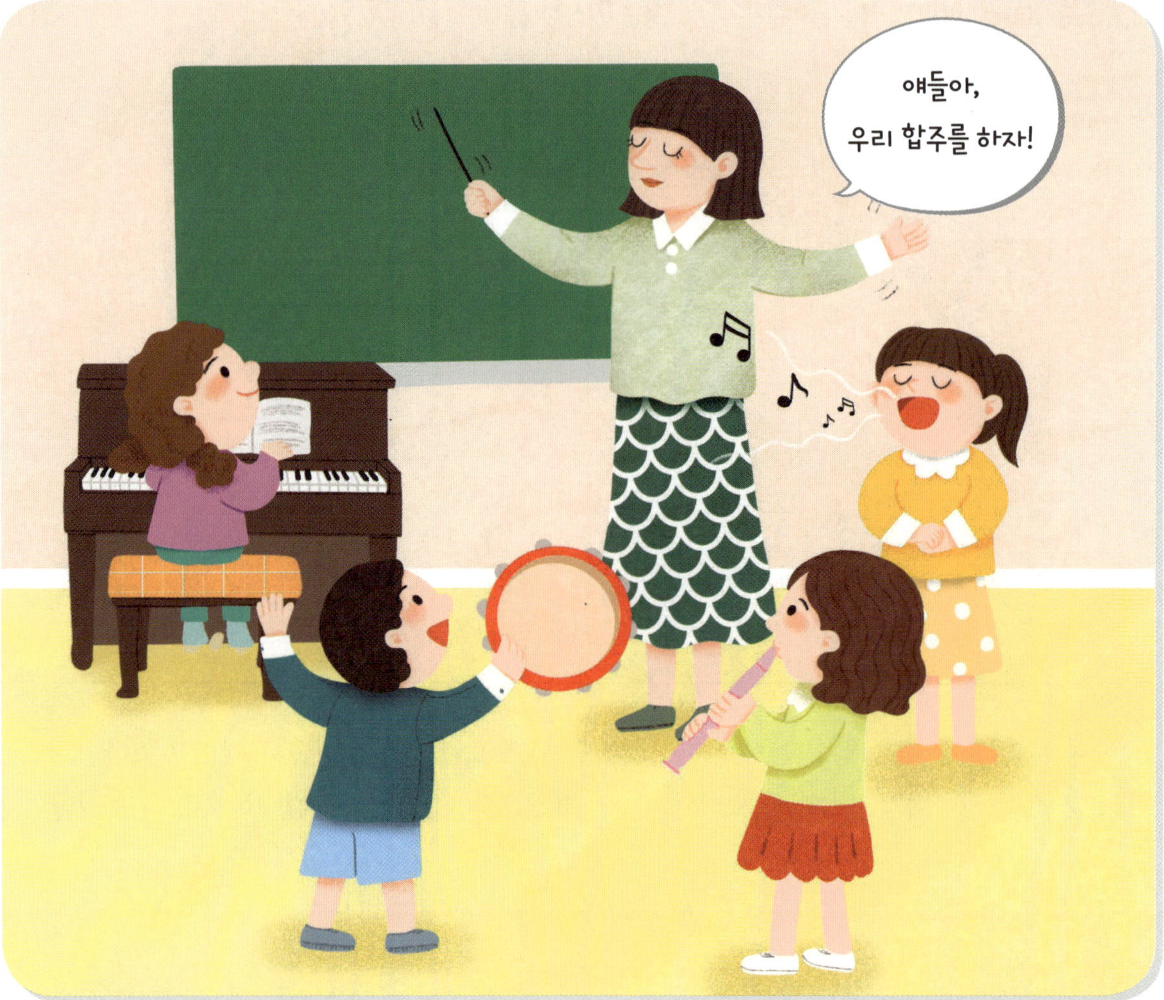

⭐ 문장 안에는 무엇이 '무엇인지', 또 누가 '어떤 행동을 하는지'를 나타내는 낱말이 있어요. 위 그림을 보고 문장을 완성해 봅시다.

❶ 지금은 음악 수업시간이에요. 선생님은 　지휘자예요　 .

❷ 민주는 피아노를 　　　　　 .

❸ 수민이는 리코더를 　　　　　 .

> 보기　　지휘자예요　　쳐요　　불어요

문장에서는 문장의 주인이 '어떤 행동을 하는지'를 표현하는 말이 필요해요. 앞서 배운 '어떠하다'처럼 문장의 주인말을 '풀이하는 말'이에요. 주로 '가다', '뛰다' 등 움직임을 나타내는 낱말이 쓰이지요. 또는 문장의 주인이 '무엇인지' 나타내는 말도 풀이하는 말에 해당해요.

무엇이 / 누가 + **어찌하다** (움직임) / **무엇이다** (직업, 신분)

예) 토끼가 깡충깡충 **뜁니다**.
선미가 노래를 **부릅니다**.
삼촌은 **경찰입니다**.

여기에서 '뛰다'는 문장의 주인인 토끼의 행동을 나타내고 있고, '경찰이다'는 문장의 주인인 삼촌이 무엇인지 나타내지요.

★ 다음 낱말에 어울리도록 동작을 나타내는 풀이말을 적어 봅시다.

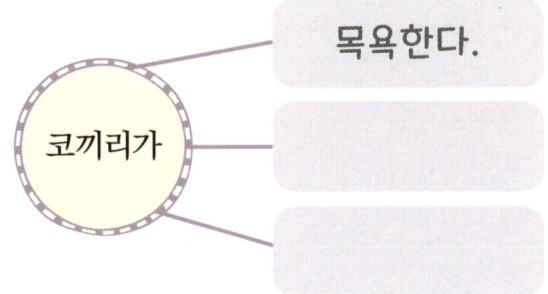

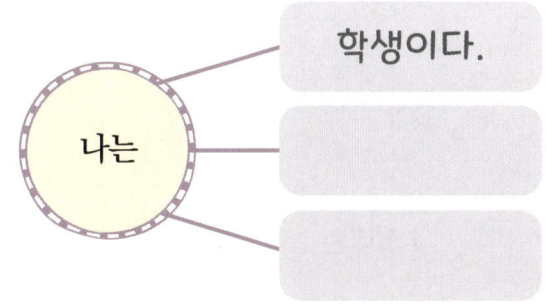

한 줄 글쓰기

⭐ 풀이하는 말에 유의하여, 낱말을 이어 문장을 만들어 봅시다.

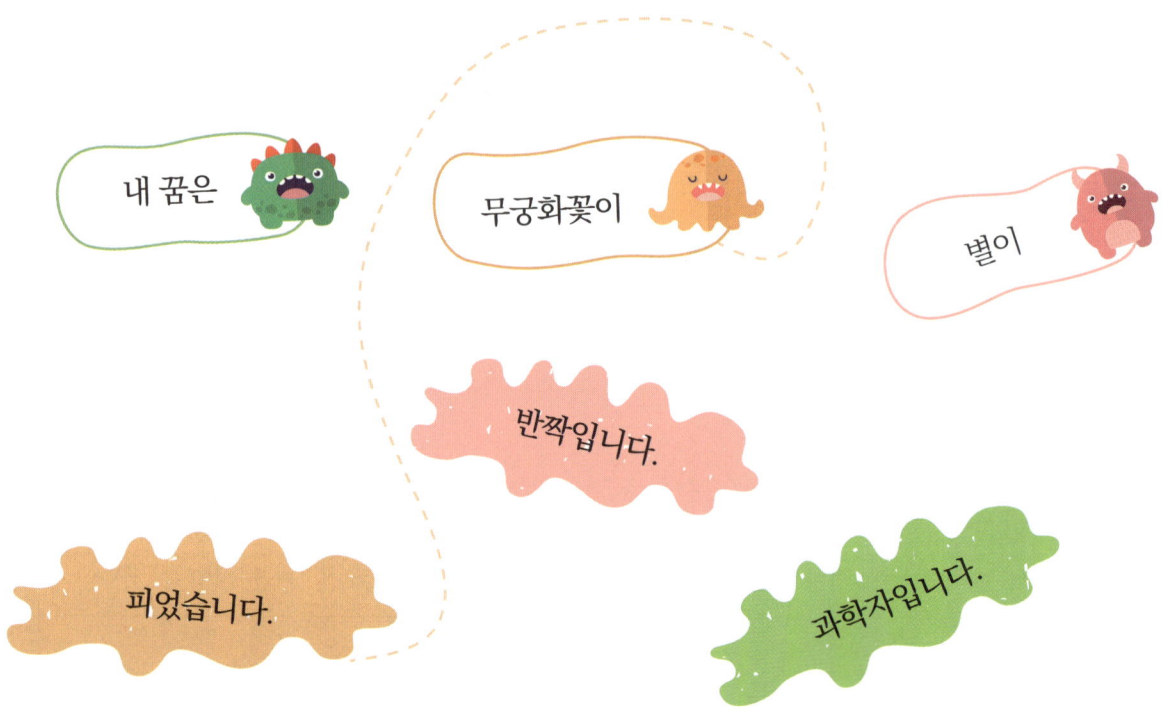

⭐ 빈칸에 들어갈 낱말을 적어 문장을 완성해 봅시다.

| 보기 | 잔다 | 핀다 | 진다 | 앉아 있다 |
| | 태권도이다 | 달리기이다 | 게임하기이다 | |

① 고양이가 　잔다　.

② 꽃이 　　　　　.

③ 내 취미는 　　　　　.

세 줄 글쓰기

도움말을 참고하여, 다음 글에 이어질 내용을 완성해 봅시다.

며칠 전 산속에 호랑이가 이사왔어요. 호랑이는 새로운 친구를 사귀고 싶어서, 친구들을 집으로 초대했어요. 하지만 동물 친구들은 아무도 가려고 하지 않았어요. 왜냐하면 호랑이가 무서운 동물이라고 생각했거든요. 시무룩해진 호랑이가 길을 걷는데, 나무 아래 떨어져 있는 아기 새를 발견했어요. 호랑이는 아기 새를 둥지 안에 넣어 주었지요. 이 모습을 본 여우는 호랑이가 무섭지 않다는 걸 알게 되었어요. 여우는 친구들과 함께 호랑이의 집에 놀러갔어요.

호랑이는 놀러온 동물 친구들을 반갑게 맞이했어요. 그리고 잔치를 벌였어요 .

호랑이와 토끼는   .

그리고   .

저녁이 될 때까지   .

도움말 여우 원숭이 춤추다 바이올린을 켜다 재롱을 부리다 동물 친구들 신나게 놀다

DAY 04 움직임의 대상이 되는 말 바로 쓰기

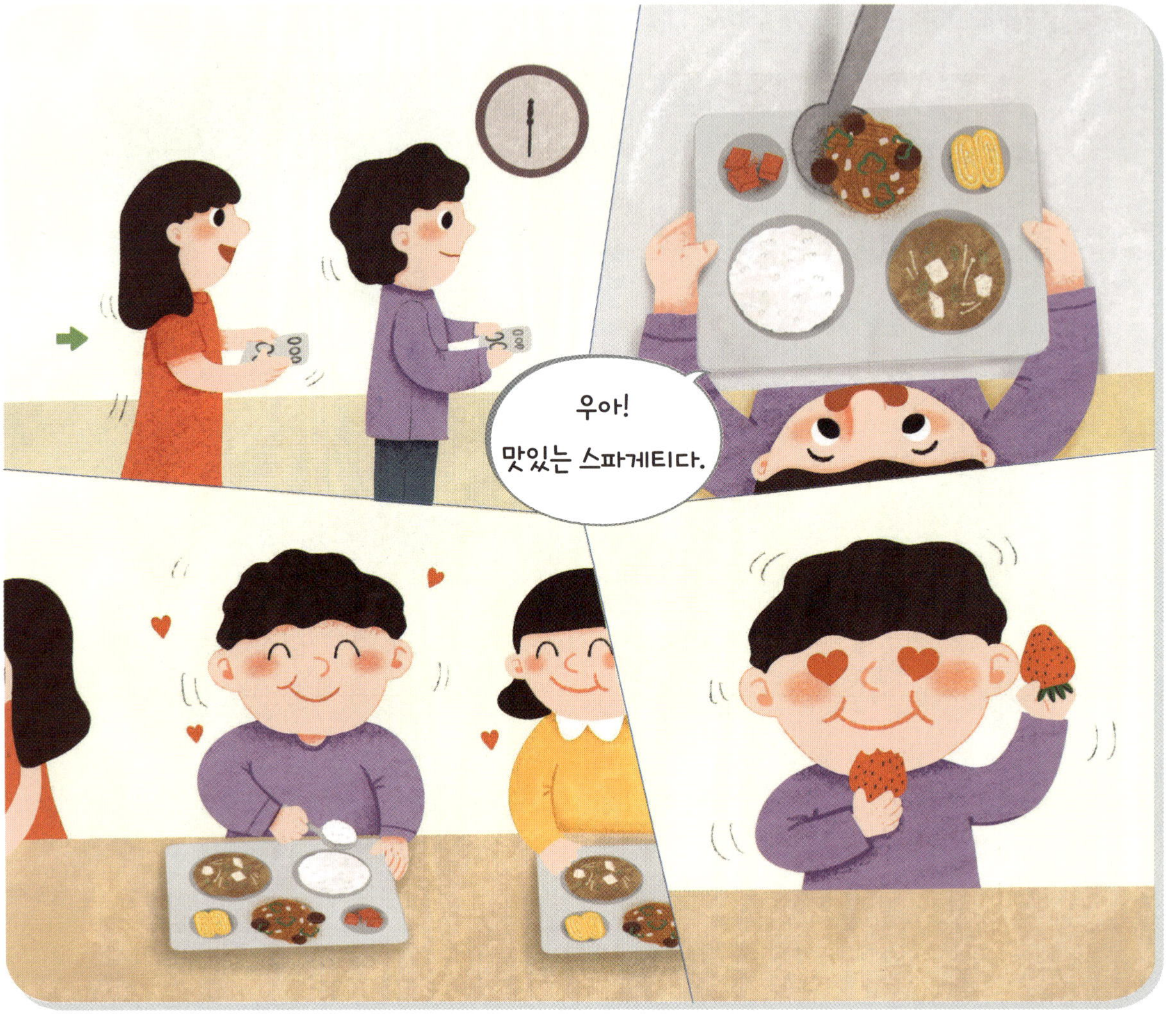

⭐ 문장 안에는 '어떤 동작의 대상이 되는 낱말'이 있어요. 예를 들어 '먹다'라는 동작의 대상은 '밥을'인 거예요. 위 그림을 보고 문장을 완성해 봅시다.

❶ 점심시간이 되었어요. 진영이가 식당에서 　줄을　 섰어요.

❷ 아주머니가 식판에 　　　　　　 가득 담아 주셨어요.

❸ 진영이는 후식으로 　　　　　　 먹었어요.

> 보기 줄을   딸기를   스파게티를

문장에는 문장의 주인이 '무엇을' 하는지, 혹은 '누구를' 향해 행동하는지 나타내는 낱말이 필요해요. 낱말 뒤에는 주로 '~을', '~를'이 붙어요.

누가 / 무엇이 + **무엇을 (사물) / 누구를 (사람)** + 어찌하다

예) 송충이가 **나뭇잎을** 먹습니다.
선생님이 **희선이를** 부릅니다.

어떤 동작은 대상이 되는 말이 없으면 문장의 뜻이 분명하지 않아요. 송충이가 '무엇을' 먹나요? '나뭇잎'이에요. 또 선생님이 '누구를' 부르나요? '희선이'지요. 문장에서는 '나뭇잎'과 '희선이'처럼 풀이말의 대상이 되는 낱말이 반드시 필요해요.

⭐ **다음 낱말에 어울리도록 동작의 대상이 되는 말을 적어 봅시다.**

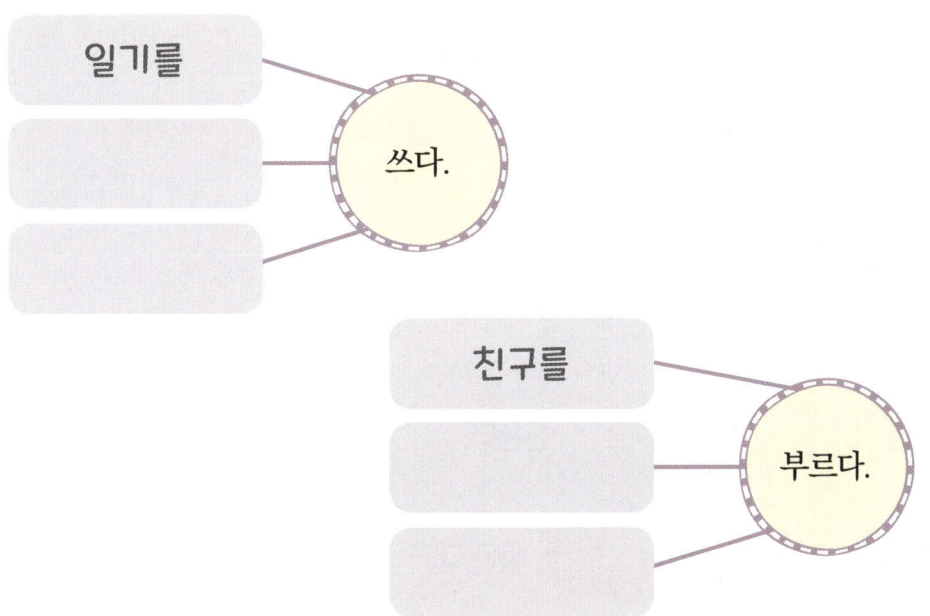

한 줄 글쓰기

⭐ 동작과 그 대상이 되는 말에 유의하여, 낱말을 이어 문장을 만들어 봅시다.

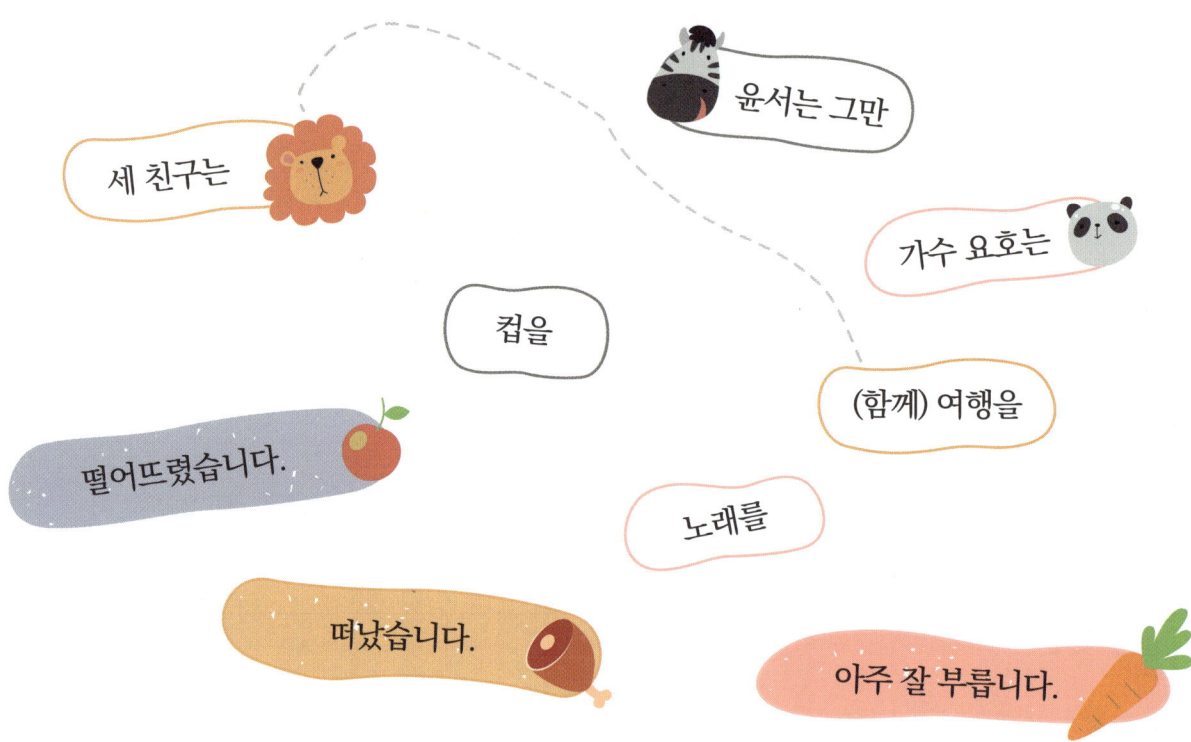

⭐ 빈칸에 들어갈 낱말을 적어 문장을 완성해 봅시다.

보기	엄마를	논길을	고속도로를	선생님을
	종이비행기를	맛있는 빵을	장난감 집을	몸이 불편한 할머니를

① 우영이가 　종이비행기를　 만든다.

② 민지는 ＿＿＿＿＿＿＿ 돕는다.

③ 자동차가 ＿＿＿＿＿＿＿ 달린다.

세 줄 글쓰기

도움말을 참고하여, 다음 글에 이어질 내용을 완성해 봅시다.

소가 된 게으름뱅이

어느 마을에 게으름뱅이 총각이 살았어요. 총각은 게으름을 피우며 집안일을 하지 않고 부모님을 속상하게 했어요. 어느 날 총각은 길을 가던 중 소머리 탈을 파는 노인을 만났어요. "할아버지, 이게 뭐예요?" 총각이 묻자 할아버지는 알 수 없는 미소를 띠며 말했어요. "이 소머리 탈을 쓰면 좋은 일이 생긴다네." 총각은 소머리 탈을 덥석 쓰고, 쇠가죽을 등에 덮었어요. 그러자 총각은 갑자기 누런 황소로 변했어요.

노인은 ___소가 된 총각을 농부에게 팔았어요___. 소가 된 게으름뱅이 총각은 한시도 쉬지 못하고 일을 했어요. _____, _____.

총각은 _____.

그러자 총각은 다시 _____.

도움말 논밭을 갈다   짐을 나르다   눈물을 흘리다   지난날을 후회하다   사람의 모습을 되찾다

DAY 05 뜻을 보충하는 말 바로 쓰기

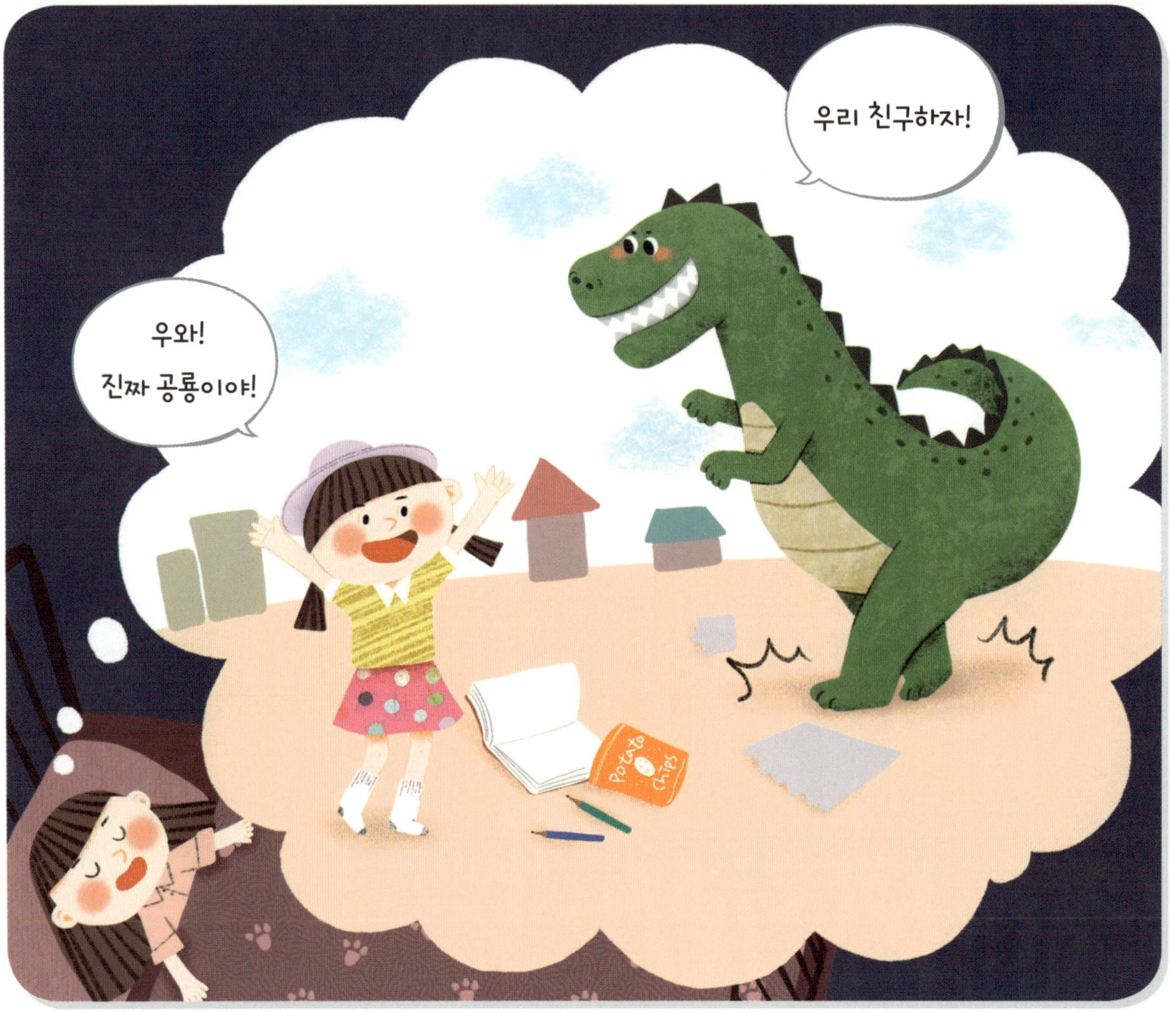

⭐ 우리 친구들은 유치원을 졸업하고 '○○이 되었지요.' 앞 문장처럼 되긴 되었는데 '무엇이' 되었는지 말하지 않는다면 그 뜻을 잘 알 수 없어요. 위 그림을 보고 문장을 완성해 봅시다.

① 꿈에서 지연이는 　책 탐험가가　 되었어요.

② 책장을 넘기자 그림 속 공룡이 _____ 되었어요.

③ 지연이는 _____ 되어, 세상을 여행했어요.

> 보기   책 탐험가   진짜 공룡이   공룡의 친구가

문장의 주인이 '무엇이' 되었는지 나타낼 때 원래의 것에서 바뀐 것을 꼭 말해 주어야 해요. 이러한 보충하는 낱말은 '되다', '아니다'라는 말과 함께 사용해요.

누가 / 무엇이 + **누가 (사람) / 무엇이 (사물)** + 되다 / 아니다

예) 우리는 **초등학생이** 되었습니다.　　*우리는 되었습니다.(X)

쌀이 **밥이** 되었습니다.　　*쌀이 되었습니다.(X)

저 사람은 <u>선생님이</u> 아닙니다.　　*저 사람은 아닙니다.(X)

⭐ **다음 낱말에 어울리도록 보충하는 낱말을 적어 봅시다.**

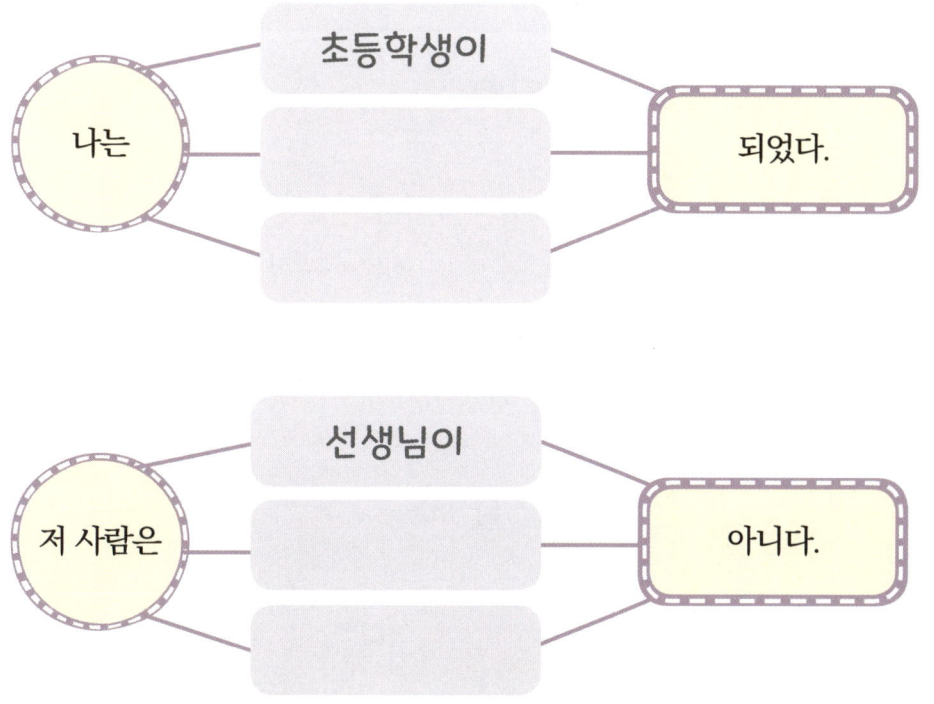

한 줄 글쓰기

⭐ 보충하는 말에 유의하여, 낱말을 이어 문장을 만들어 봅시다.

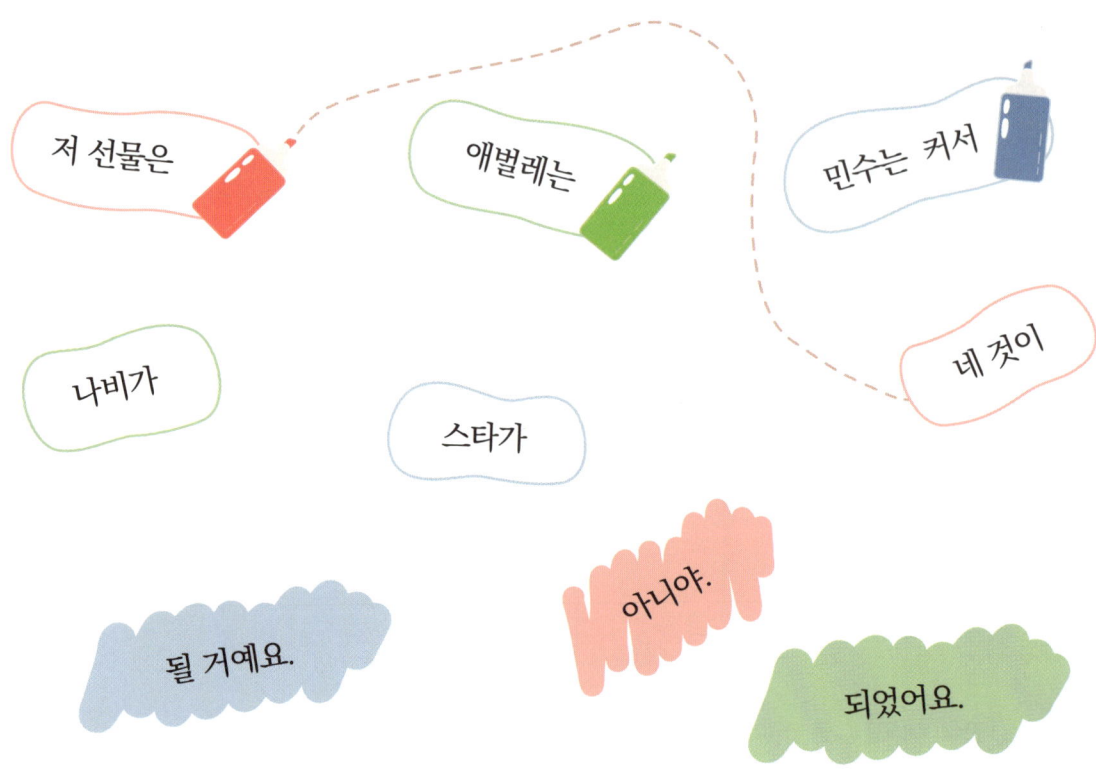

⭐ 빈칸에 들어갈 낱말을 적어 문장을 완성해 봅시다.

보기	물방울이	공이	안개가	구름이	과학자가
	수박이	장난감이	운동선수가	피아니스트가	

❶ 수증기는 　물방울이　 되었다.

❷ 나는 커서 ＿＿＿＿＿＿ 될 거다.

❸ 저 동그란 물체는 ＿＿＿＿＿＿ 아니다.

세 줄 글쓰기

도움말을 참고하여, 다음 글에 이어질 내용을 완성해 봅시다.

볍씨 한 톨

옛날 어느 마을에 며느리 셋이 있는 부자 영감이 살았어요. 영감은 재산을 누구에게 맡길지 고민하다가 방법을 생각해 냈어요. 영감은 세 며느리에게 볍씨를 한 톨씩 나눠 줬어요. "귀한 볍씨이니 잘 받아 두거라." 첫째와 둘째 며느리는 볍씨를 대수롭지 않게 생각했지만, 셋째 며느리는 볍씨를 소중히 받으며 생각했어요. '이건 보통 볍씨가 아니야.' 곧 셋째 며느리는 볍씨를 미끼 삼아 참새 한 마리를 잡았어요.

금세 볍씨 한 톨이 참새가 된 거예요. 참새를 주고 바꿔 온 병아리는 오래지 않아 _____. 며느리는 시장에 가서 암탉을 새끼 돼지로 바꿔 왔어요. 새끼 돼지는 무럭무럭 자라 _____.

셋째 며느리의 지혜로 마침내 _____.

도움말: ~이 되다   암탉   새끼 돼지   어미 돼지   볍씨 한 톨   드넓은 논밭

재미 잼 ① 창의퐁퐁 말꼬리 잡기

🌈 앞말의 말꼬리를 잡아 다음 내용을 이어가 봅시다.

원숭이 엉덩이는 빨개 ➡ 빨가면

도깨비 방망이는 신기해 ➡ 신기하면

2장

특별한 문장 쓰기

꼭 필요하지 않아 보여도 문장을 쓸 때 빠뜨리면 안 되는 낱말들이 있어요. 예를 들어 '우리 가자!'라고만 말하면, 어디로 가자는지 알 수 없어 헤맬 거예요. 이렇게 어떤 문장은 어찌말이 없으면 뜻이 통하지 않아요. 여기서는 어찌말을 넣은 특별한 문장 쓰기를 익혀 봐요.

DAY 06	비교 대상 넣어 쓰기
DAY 07	함께 움직이는 대상 넣어 쓰기
DAY 08	장소, 방향 넣어 쓰기
DAY 09	받는 대상 넣어 쓰기
DAY 10	자격 대상 넣어 쓰기
재미잼 ②	엉뚱깽뚱 이야기

비교 대상 넣어 쓰기

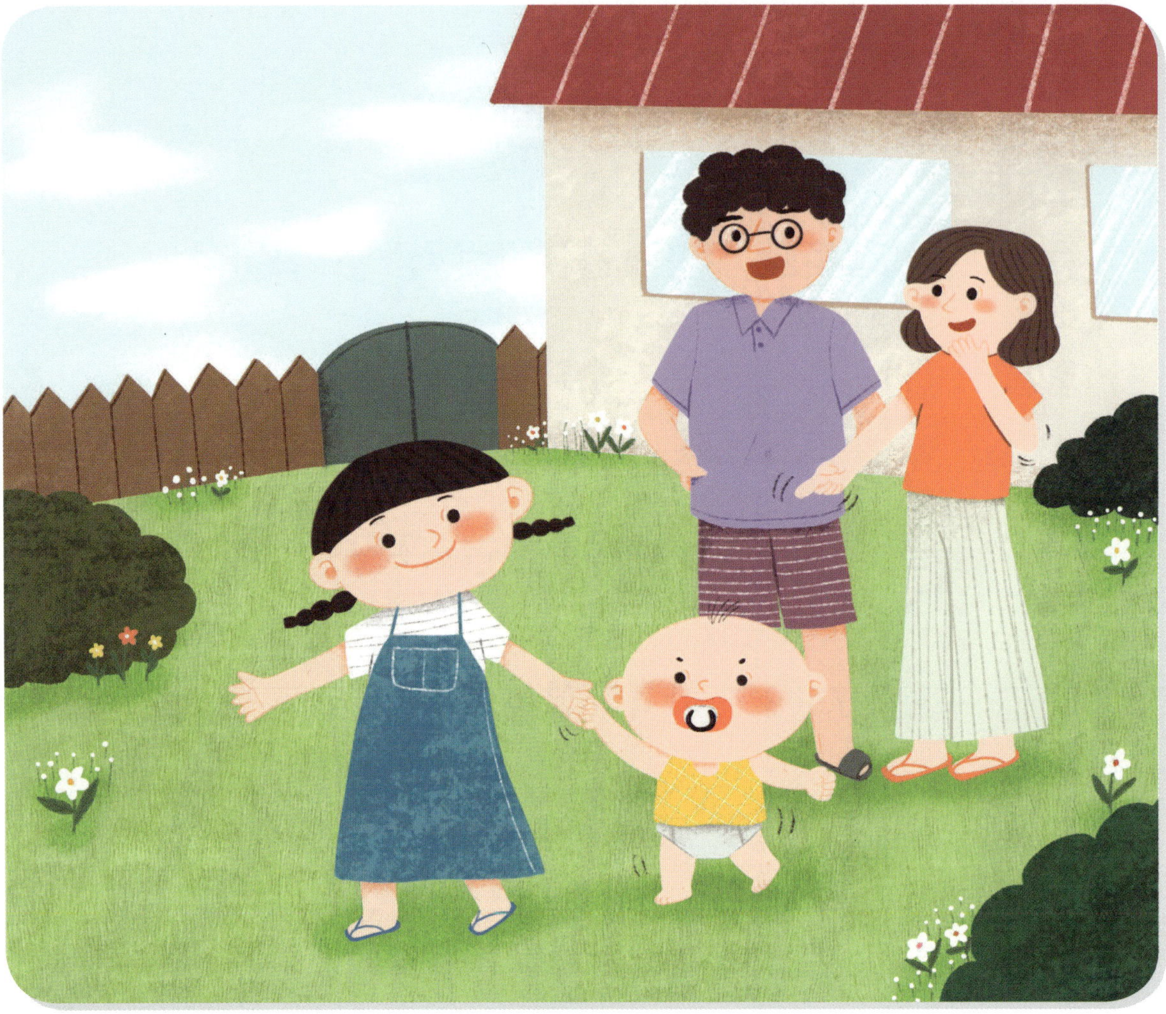

⭐ 어떤 동작은 주인말과 비교하는 '무엇과'라는 낱말이 있어야 문장의 뜻이 정확해져요. 위 그림을 보고 문장을 완성해 봅시다.

① 내 동생은 　아빠와　 꼭 닮았어요.

② 동생의 눈동자는 　　　　　　 깊어요.

③ 동생이 아장아장 걷는 모습은 　　　　　　 더 귀여워요.

보기　　바다만큼　　아빠와　　병아리보다

어떤 것을 다른 것과 비교해서 차이가 나는 성질이 있을 때는 문장 안에 비교 대상이나 기준을 꼭 넣어야 해요. 비교 대상이 없으면 아예 말이 안 되거나, 원래 문장의 내용과 달라질 수 있기 때문이에요.

누가 / 무엇이 + **무엇과 / 무엇보다** + 어떠하다 (모양/색깔/크기/느낌)

예) **여우가 사는 모습은 늑대가 사는 모습과 다릅니다.**

*여우가 사는 모습은 다릅니다.(X)

우리 집은 학교에서 가깝습니다.

*우리집은 가깝습니다.(X)

첫 문장에서 '늑대가 사는 모습과'라는 부분이 없거나, '학교에서'가 없으면 내용을 제대로 이해할 수 없어요. 이렇게 크기나 모양 또는 색깔이나 느낌을 비교할 때나, '같다', '닮다'로 표현할 때는 비교 대상이나 그 기준이 되는 말이 꼭 필요해요.

⭐ **다음 낱말에 어울리도록 비교하는 대상을 적어 봅시다.**

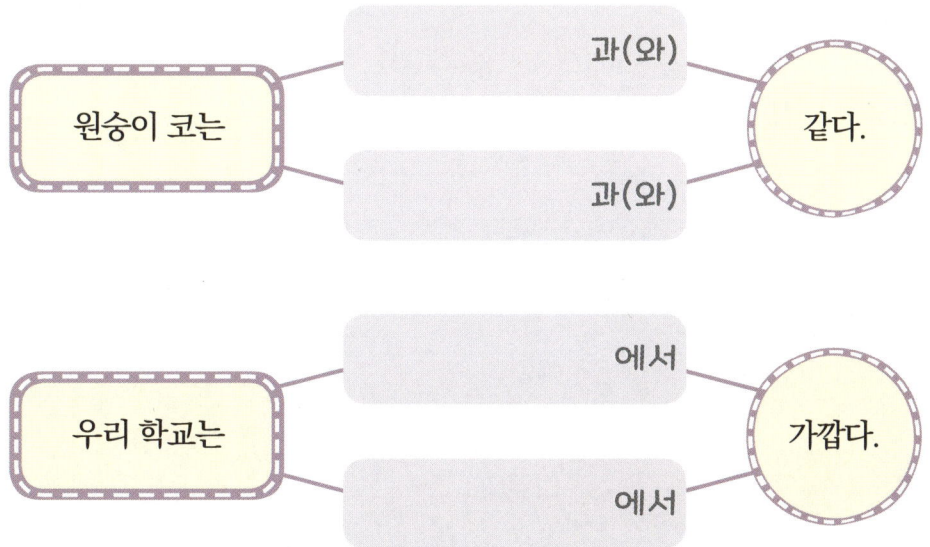

한 줄 글쓰기

⭐ 비교 대상과 기준에 유의하여, 낱말을 이어 문장을 만들어 봅시다.

⭐ 빈칸에 들어갈 낱말을 적어 문장을 완성해 봅시다.

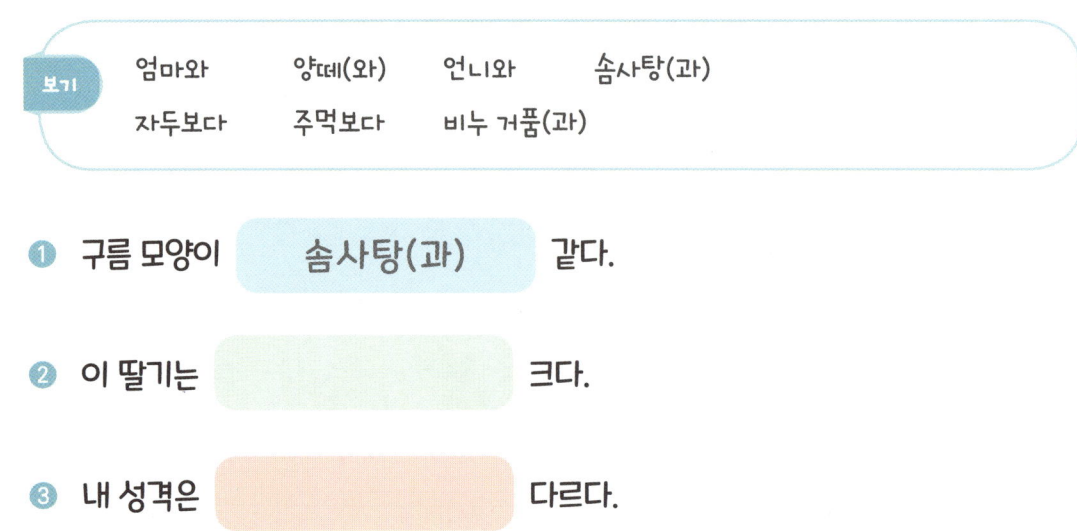

세 줄 글쓰기

도움말을 참고하여, 다음 글에 이어질 내용을 완성해 봅시다.

공작새의 불평

어느 날 공작새가 헤라 여신을 찾아갔어요.
"나이팅게일은 노래를 정말 잘 불러요. 저도 나이팅게일만큼 노래를 잘 부르고 싶어요." 그러자 헤라 여신이 빙긋 웃었어요. 공작새는 계속 불평을 늘어놓았어요.
"그리고 나이팅게일은 세상에 대해 모르는 게 없는데, 저는 나이팅게일만큼 세상을 잘 알지 못해요." 그러자 헤라 여신은 공작새에게 이렇게 말했어요.

" 그 대신 너는 나이팅게일보다 아름답잖니? 너의 깃털은 _____ . 독수리는 _____ , _____ . 또 수탉은 _____ ."

공작새는 자기와 다른 동물들에게 각자 좋은 점이 있다는 걸 알게 되었답니다.

도움말 누구보다도 화려하다 힘이 세다 학 지혜롭다 수탉 부지런하다

DAY 07 함께 움직이는 대상 넣어 쓰기

정답 영상

[그림: 공원에서 다투는 아이들 – 민지, 우진이 / "얘들아, 다투지 마." / "내가 1등이야!" / "아니야, 내가 1등이야!"]

★ 줄다리기를 할 때 혼자 할 수 없는 것처럼, 동작을 나타내는 낱말 중에는 반드시 '누구와'라는 짝이 필요한 것이 있어요. 위 그림을 보고 문장을 완성해 봅시다.

① 우진이는   친구들과   공원에 가기로 약속했어요.

② 공원에서 우진이는 _____ 달리기를 겨루었어요.

③ 우진이는 _____ 다투었지만, 곧 화해하고 다시 신나게 놀았어요.

보기   친구들과   민지와

혼자서는 할 수 없는 행동을 표현할 때는 반드시 '상대'가 필요해요.

누가 / 무엇이 + **누구와** (방향, 위치) + 어찌하다

예 토끼는 **거북이와** 달리기 실력을 겨루었습니다.

엄마는 **아빠와** 다투었습니다.

'겨루다'는 반드시 겨루는 상대가 필요하고, '다투다'도 반드시 다투는 상대가 필요해요. 즉 '거북이와', '아빠와'라는 말이 없으면 문장이 어색해져요. 이처럼 '뭉치다', '아우르다', '결혼하다', '겨루다' 등과 같은 낱말은 반드시 '누구와' 함께 하는지를 꼭 써야 해요.

⭐ **다음 중 함께 행동하는 상대가 꼭 필요한 낱말에 동그라미표 하세요.**

한 줄 글쓰기

⭐ 함께하는 대상에 유의하여, 낱말을 이어 문장을 만들어 봅시다.

⭐ 빈칸에 들어갈 낱말을 적어 문장을 완성해 봅시다.

보기	친구와	동생과	하마와	누나와
	코뿔소와	청바지와	스카프와	빨간 외투와

① 나는   친구와   다투었다.

② 코끼리는 _____ 힘을 겨루었다.

③ 이 티셔츠는 _____ 잘 어울린다.

세 줄 글쓰기

도움말을 참고하여, 다음 글에 이어질 내용을 완성해 봅시다.

송아지와 바꾼 무

옛날 어느 마을에 부지런한 농부가 이사를 왔어요. 농부는 새벽부터 밤까지 쉬지 않고 농사일을 했어요. 게다가 사람들과 어울려서 잘 지냈어요. 농부가 한 해는 밭에 무를 심었어요. 거름을 듬뿍 주고 열심히 김을 매 주었어요. 얼마나 정성스레 농사를 지었는지 무는 쑥쑥 자랐어요. 가을이 되어 농부가 무를 뽑으려고 할 때였어요. 아무리 힘을 써도 무가 뽑히지 않았어요. 그래서 농부는 마을 사람들과 힘을 합해 무를 뽑았어요. 뽑은 무를 보고 모두들 입을 다물지 못했어요. 그 무는 송아지만큼 컸거든요.

농부는 _____, 무를 사또에게 선물했어요.

귀한 무를 받은 사또는 _____, 농부에게 송아지를

선물했어요. 농부는 _____.

도움말 마을 사람들 의논하다 이방 의논하다 무 송아지 맞바꾸다

DAY 08 장소, 방향 넣어 쓰기

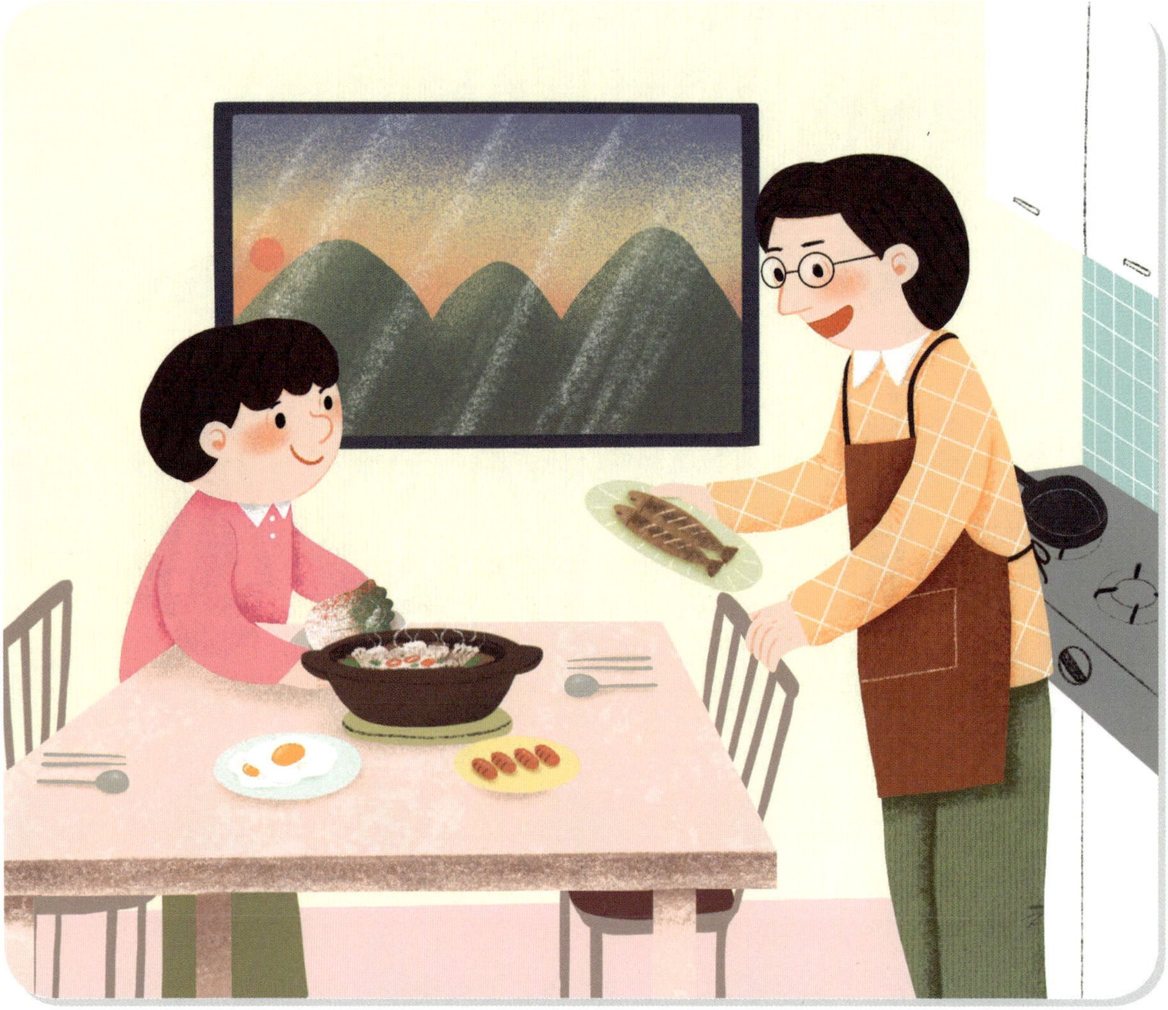

⭐ 어떤 동작은 움직이는 방향이나 장소를 나타내는 낱말이 있어야 문장의 뜻이 정확해져요. 위 그림을 보고 문장을 완성해 봅시다.

① 저녁이 되어 아빠가 　집으로　 돌아오셨어요.

② 아빠는 곧장 ＿＿＿＿＿＿＿ 들어가서 저녁 식사를 준비했어요.

③ 나는 아빠를 도와 ＿＿＿＿＿＿＿ 반찬을 놓았어요.

보기　　집으로　　주방으로　　식탁에

문장의 주인이 '어떤 방향'이나 '어떤 장소'로 움직이는 것을 표현할 때는 '방향'이나 도달하는 '장소'를 함께 써 줘야 해요.

누가 / 무엇이 + **어디로 / 어디에** (방향, 위치) + 어찌하다

예) 제비가 **남쪽 하늘로** 날아갑니다.
엄마는 반지를 **서랍에** 넣었습니다.

'남쪽 하늘로'라는 방향을 나타내는 말이 없으면 해가 어디로 졌는지 정확히 알 수 없어요. 또 '서랍에'라는 장소를 나타내는 말이 없으면 엄마가 반지를 어디에 넣었는지 알 수 없어요.

⭐ 다음 낱말에 어울리도록 방향이나 장소를 나타내는 낱말을 적어 봅시다.

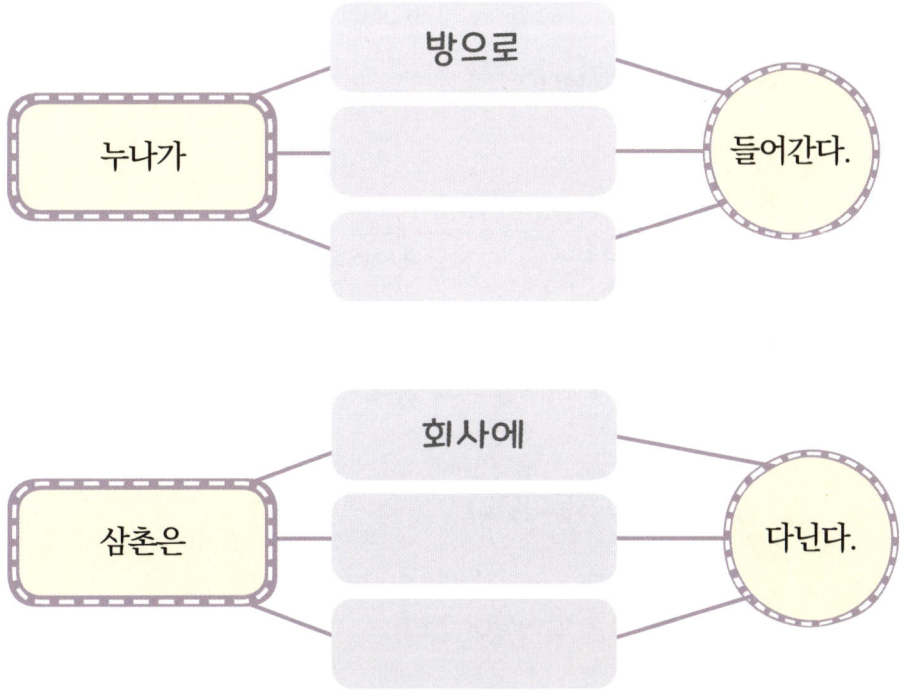

한 줄 글쓰기

⭐ 장소, 방향에 유의하여, 낱말을 이어 문장을 만들어 봅시다.

⭐ 빈칸에 들어갈 낱말을 적어 문장을 완성해 봅시다.

보기	집에	학교에	버스에	
	풀숲으로	회사에서	병원에서	사슴떼 사이로

❶ 언니가 　집에　 가방을 놓고 왔다.

❷ 삼촌은 　　　　　 돌아왔다.

❸ 사슴이 　　　　　 뛰어들어 갔다.

세 줄 글쓰기

  도움말을 참고하여, 다음 글에 이어질 내용을 완성해 봅시다.

저승에 있는 곳간

어느 고을의 원님이 저승사자에 이끌려 하늘나라로 갔어요. 원님은 이승으로 돌려보내 달라고 염라대왕에게 싹싹 빌었지요. 염라대왕은 쌀 삼백 석을 내면 돌려보내 주겠다며 이렇게 말했어요. "사람은 누구나 저승에 곳간이 있단다. 이승에서 덕을 쌓았다면 곳간이 가득 차 있겠지." 원님은 염라대왕을 따라 자신의 곳간으로 갔어요. 하지만 곳간은 텅텅 비어 있었고, 원님은 어쩔 수 없이 옆에 있는 덕진 아가씨 곳간에서 쌀을 빌렸어요.

원님은 무사히 이승에 내려왔어요 . 그리고 이튿날 원님은 _____

_____. 원님은 그간 있었던 이야기를 하며, 쌀 삼백 석을

_____. 덕진 아가씨는 그 쌀을 팔아,

사람들이 편히 다닐 수 있도록 _____.

도움말   덕진 아가씨의 주막   찾아가다   덕진 아가씨에게   주다   강   다리를 놓다

DAY 09 받는 대상 넣어 쓰기

(원주야, 생일 축하해!) — 원주, 민지

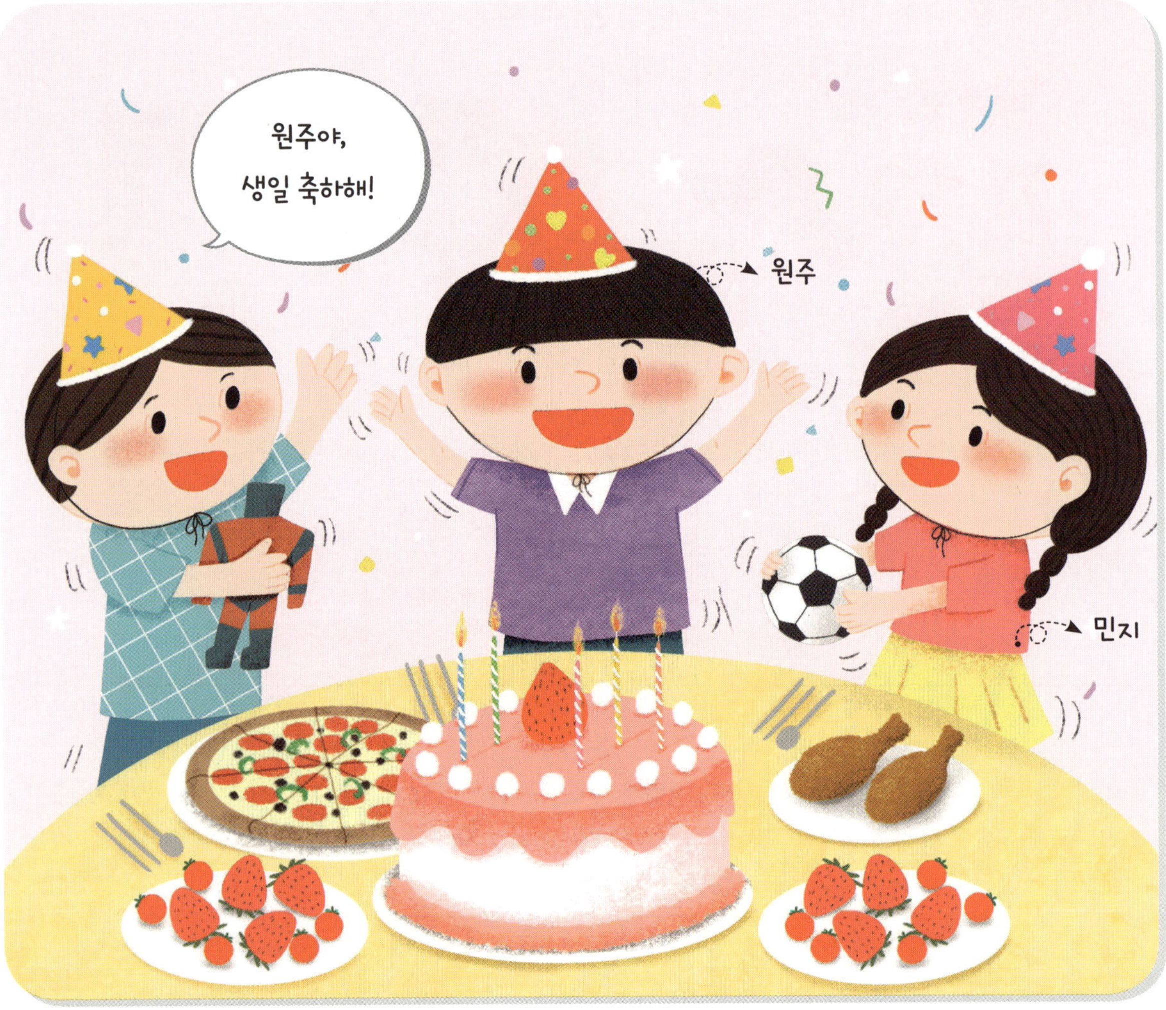

⭐ 어떤 동작은 행동을 '누구에게' 했는지, '누구에게' 주었는지 그 대상이 있어야 문장의 뜻이 정확해져요. 위 그림을 보고 문장을 완성해 보세요.

① 원주는 [민지와 친구들에게] 생일 초대장을 주었어요.

② 민지는 [　　　　　] 축구공을 주었어요.

③ 원주의 생일파티는 [　　　　　] 즐거운 추억을 남겨 주었어요.

| 보기 | 민지와 친구들에게 | 원주에게 | 원주와 친구들에게 |

문장의 주인이 상대에게 무언가를 '주는' 행동을 표현할 때는 그 행동을 '누구에게' 하는 것인지 꼭 나타내야 해요.

누가 / 무엇이 + **무엇에게** (대상) + 무엇을 어찌하다

예) 나는 **엄마에게** 카네이션을 드렸습니다.
선생님은 **민수에게** 피아노를 가르칩니다.

'나'는 '누구에게' 카네이션을 주었나요? 바로 '엄마에게' 주었어요. '엄마에게'라는 말이 없으면 표현이 정확하지 않아요. 이처럼 '주다', '알리다', '가르치다' 같은 말에는 '누구에게'에 해당하는 대상을 꼭 말해 줘야 해요.

⭐ 다음 풀이말에 어울리도록 받는 대상과 그 무엇에 해당하는 낱말을 적어 봅시다.

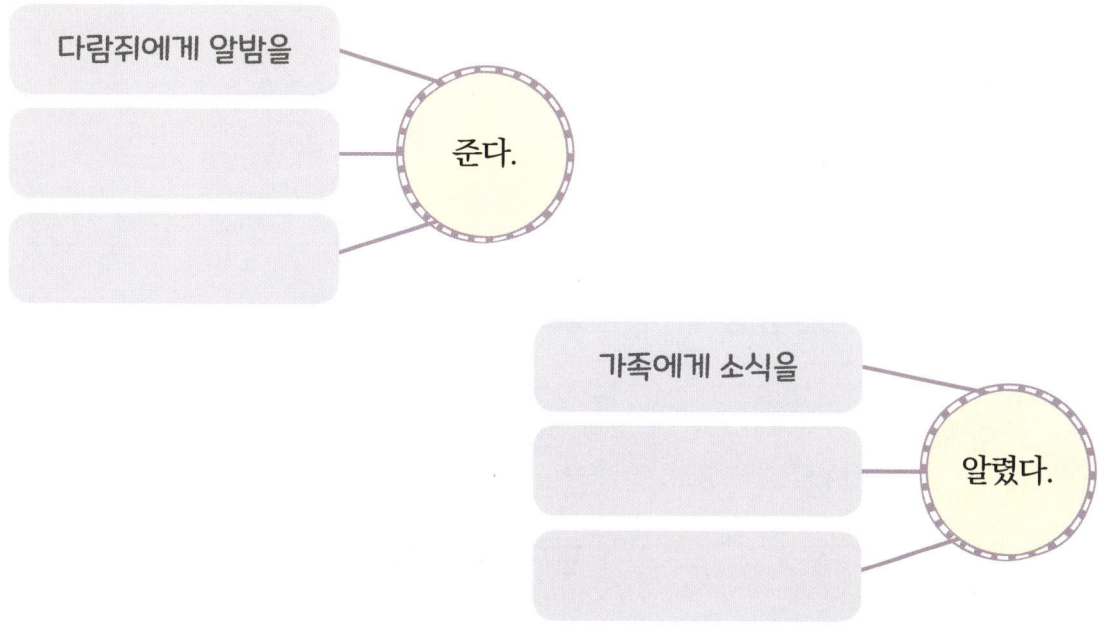

한 줄 글쓰기

⭐ 동작을 받는 대상에 유의하여, 낱말을 이어 문장을 만들어 봅시다.

⭐ 빈칸에 들어갈 낱말을 적어 문장을 완성해 봅시다.

보기	선생님께	아빠에게	호랑이에게
	도깨비에게	친구 진수에게	어렸을 적 친구에게

① 지수는 　선생님께　 동화책을 빌렸다.

② 할머니는 　　　　　　 팥죽을 주었다.

③ 엄마는 　　　　　　 편지를 받았다.

세 줄 글쓰기

 도움말을 참고하여, 다음 글에 이어질 내용을 완성해 봅시다.

돼지 코가 납작한 이유

　아주 먼 옛날 하늘나라에 볏이 없는 닭과 다리가 셋 뿐인 개, 오똑한 코를 가진 돼지가 살았어요. 하늘나라 임금님은 사람들 세상으로 동물들을 내려보내기로 했어요.
　"세상으로 내려가 사람들에게 도움을 주거라. 그러면 내가 너희들에게 큰 상을 주겠다."
그래서 닭과 개, 그리고 돼지가 사람들이 사는 마을로 내려왔어요.
　닭은 새벽마다 사람들에게 일어날 시간을 알려 주었어요. 그 덕에 사람들은 잠에서 깨어 일터로 나갈 수 있었지요. 다리가 셋인 개는 한밤중에도 귀를 쫑긋 세우고 집을 지켰어요. 하지만 잘생긴 돼지는 오똑한 코만 매만지며 사람들에게 도움을 주지 않았어요.

얼마 후 하늘나라 임금님은 세 동물을 불렀어요. 그리고 닭에게

_____. 또 _____.

하지만 _____.

도움말　붉은 볏　내리다　개　다리　달아 주다　돼지　짧은 코　붙여 주다

DAY 10 자격 대상 넣어 쓰기

⭐ 우리말 표현 중에 어떤 대상을 '무엇으로 여기다'라는 표현이 있어요. 이때 두 대상은 실제로는 다른 것이지만 같은 것으로 생각한다는 뜻이에요. 위 그림을 보고 문장을 완성해 보세요.

① 수진이는 바람을 　친구(로)　 삼아, 들판을 내달렸어요.

② 부모님은 아직도 수진이를 　　　　　 생각해요.

③ 사람들은 네잎클로버를 　　　　　 여긴대요.

보기 친구(로)   행운의 상징으로   아기로

56

어떤 대상을 '무엇으로' 여긴다는 표현을 할 때, '그 대상과 무엇은 원래 같은 것이 아니지만, 그렇게 생각한다'는 뜻을 갖지요. 그래서 풀이말에는 '삼다', '여기다', '생각하다' 등의 낱말이 오지요. 아래 문장을 볼까요?

누가 / 무엇이 + 무엇을 + **무엇으로** (대상) + 삼다

예) 한석봉은 책을 **스승으로** 삼았습니다.
    엄마는 나를 **어린아이로** 여깁니다.

한석봉은 '책'을 '스승님'으로 삼았고, 엄마는 '나'를 '어린아이'로 여기지요. 이처럼 '삼다', '여기다', '간주하다'라는 풀이말에는 그 대상과 동일한 자격을 가진 낱말을 꼭 함께 써야 해요.

⭐ 다음 낱말에 어울리는 자격을 갖는 낱말을 적어 봅시다.

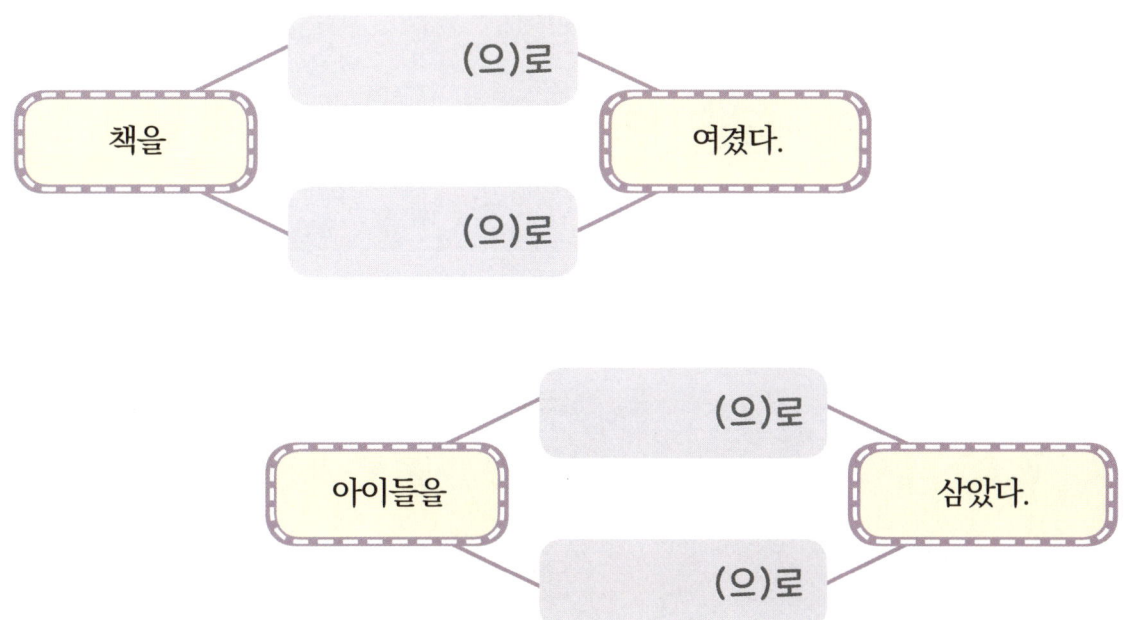

한 줄 글쓰기

⭐ 자격이 되는 말에 유의하여, 낱말을 이어 문장을 만들어 봅시다.

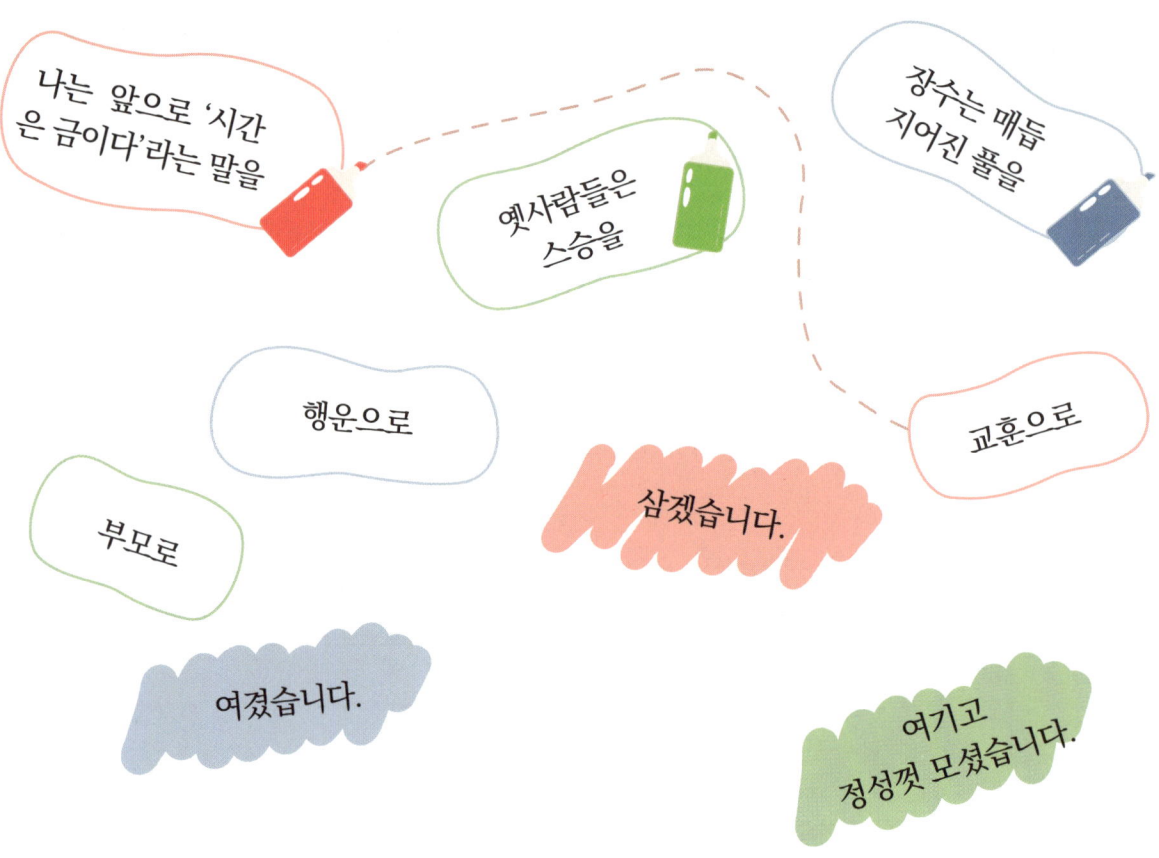

⭐ 빈칸에 들어갈 낱말을 적어 문장을 완성해 봅시다.

> 보기: 제자로   가족으로   친구로   형제로
> 범인으로   스승으로   자식으로

① 선비는 길 잃은 아이를 [제자로] 삼았다.

② 내 친구 민기는 나를 [   ] 대한다.

③ 사람들은 그를 [   ] 여겼다.

세 줄 글쓰기

도움말을 참고하여, 다음 글에 이어질 내용을 완성해 봅시다.

재주 많은 오 형제

옛날 어느 마을에 나이 든 부부가 살고 있었어요. 부부는 아이를 낳게 해 달라고 정성을 다해 빌었어요. 그러던 어느 날 단지 속에 건강한 아이가 나타났어요. 부부는 아이 이름을 단지손이로 짓고, 귀한 보물로 여기며 정성껏 키웠어요. 단지손이도 노부부를 부모로 여기고 효도했어요. 어느덧 아이는 무럭무럭 자라나 힘센 소년이 되었어요.

어느날 단지손이는 세상 공부를 하러 길을 떠났어요. 도중에 자기처럼 힘이 센 콧김손이와 오줌손이, 무쇠손이와 큰배손이를 만났어요.

무쇠손이는 | 무쇠 같은 신발을 | .

또 큰배손이는 | 큰 배를 | .

이렇게 다섯 친구는 | | , 세상 여행을 했어요.

도움말 깃털로 여기다   신다   집으로 여기다   매달다   서로   형제로 삼다

재미 잼 ② 엉뚱깽뚱 이야기

🌈 흥부와 놀부가 박을 타고 있어요. 박에 쓰인 낱말을 이어 문장을 완성해 봅시다.

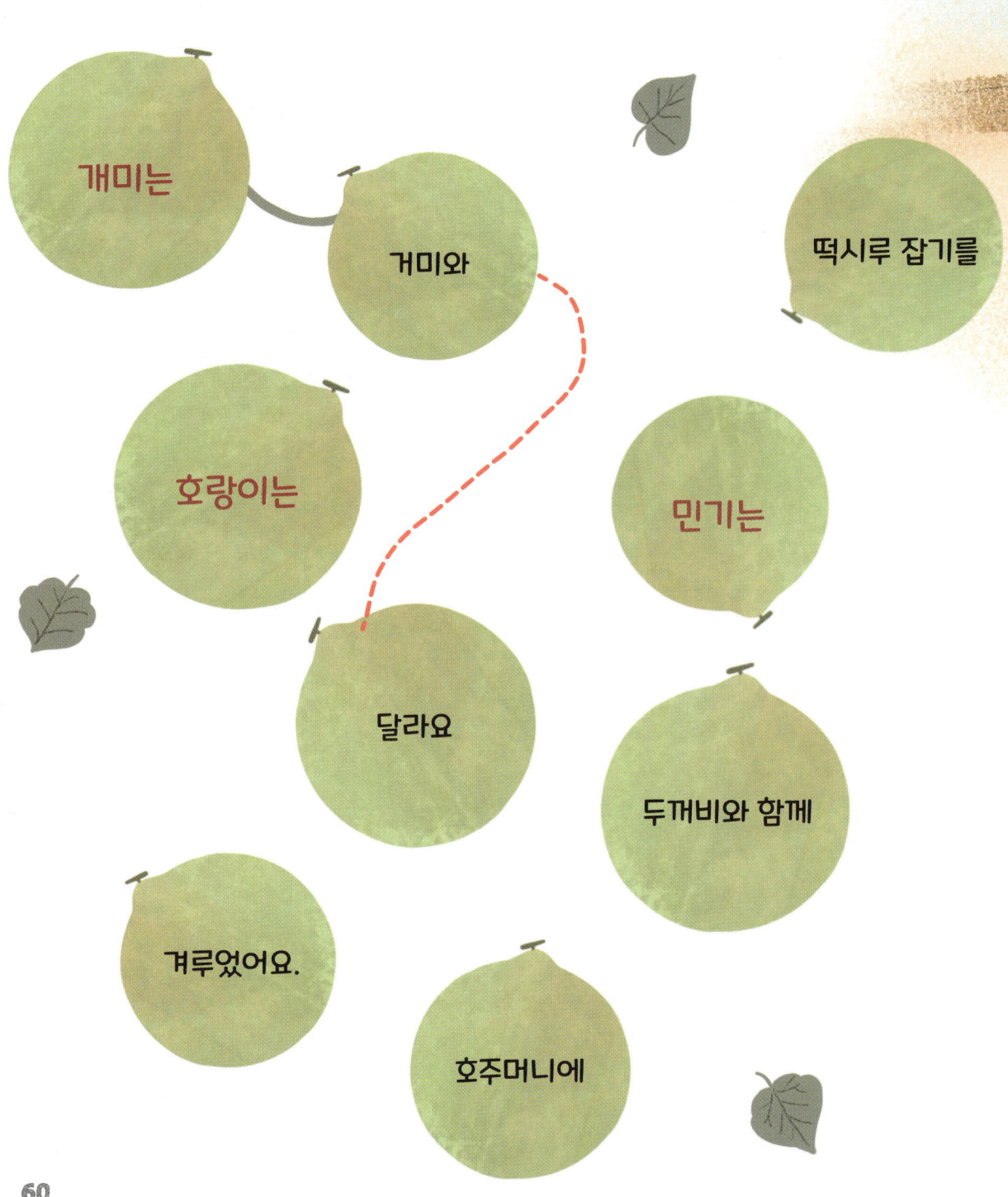

3장

풍성한 문장 쓰기

우리는 앞서 문장에 꼭 필요한 낱말을 넣어 문장 쓰는 법을 다 익혔어요. 여기서는 문장을 풍성하게 쓰는 법을 배워 봐요. 어떤 사물이나 동작, 감정을 다양한 낱말로 꾸며 주면 문장이 풍성해지지요. 우리가 자주 쓰는 꾸밈 표현을 익혀 봐요.

DAY 11	매김말로 꾸며 쓰기
DAY 12	어찌말로 꾸며 쓰기
DAY 13	소리를 흉내 내는 말로 꾸며 쓰기
DAY 14	모양을 흉내 내는 말로 꾸며 쓰기
DAY 15	장소, 시간을 넣어 꾸며 쓰기
재미잼 ③	흥미진진 스토리텔링

DAY 11 매김말로 꾸며 쓰기

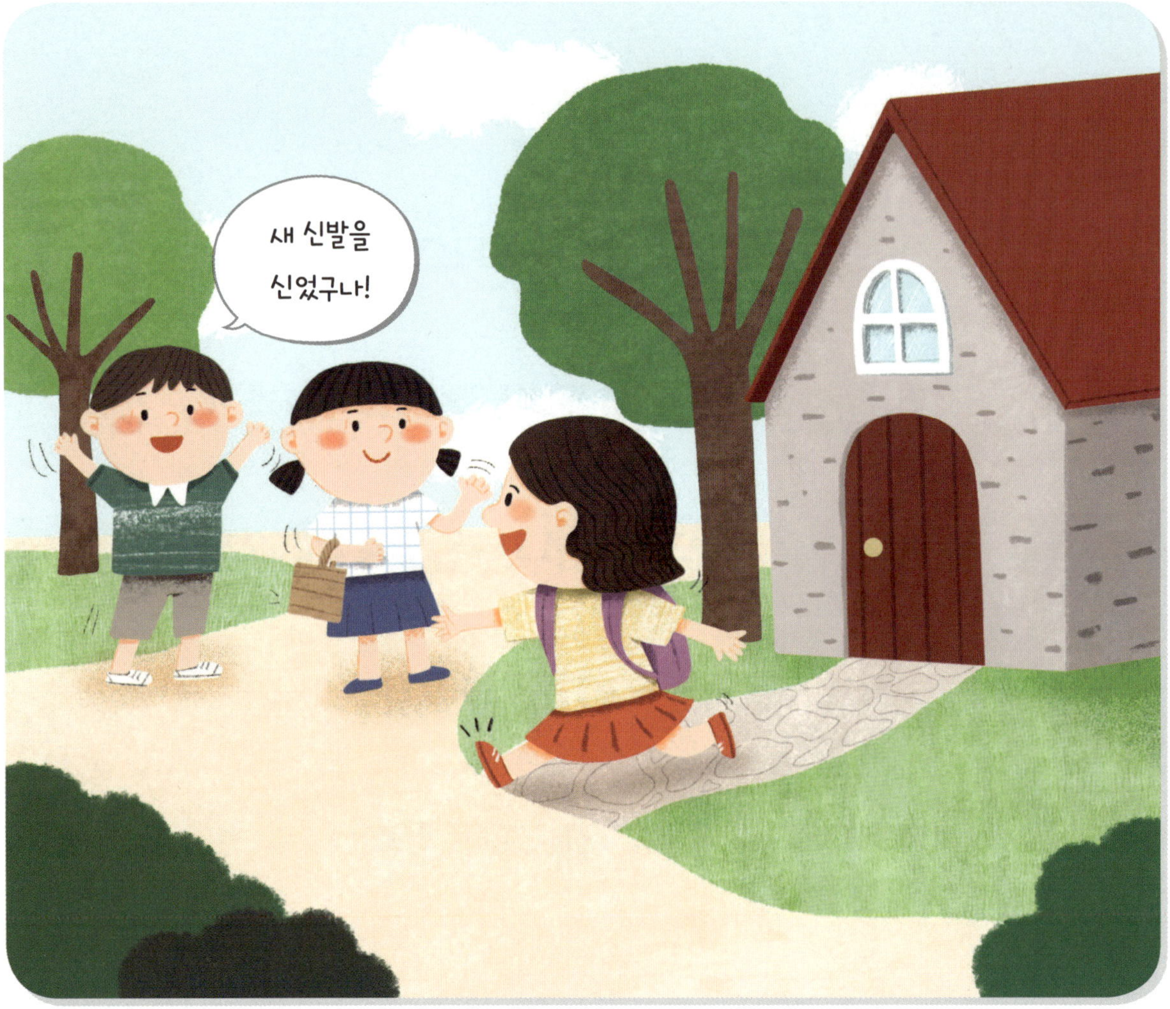

⭐ 문장의 주인이나 대상을 좀 더 자세히 설명하고 싶다면 그 앞에 크기나 넓이, 색깔, 감정 등 특징을 나타내는 말을 써요. 위 그림을 보고 문장을 완성해 봅시다.

❶ 오늘은 소풍날, 나는 [새] 신발을 신고 집을 나섰어요.

❷ " [   ] 하늘에 [   ] 구름 좀 봐!"

❸ 눈앞에 보이는 [   ] 풍경이 아름다워 보였어요.

보기   새   하얀   저   모든

어떤 사람이나 사물을 자세히 설명하고 싶을 땐 그것이 '어떤지' 말하면 됩니다. 모양이나 상태, 성질을 설명하거나, 그것을 가리키거나, 수나 양을 설명하는 말이 와요. 또, 움직임이나 상태를 설명하는 말로도 문장을 풍성하게 쓸 수 있어요.

어떤 + 무엇

예) 엄마가 **새** 신발을 사 주셨습니다.   선생님은 **다른** 책을 읽어 주셨습니다.

꿀벌 **한** 마리가 날아왔습니다.   **귀여운** 아기가 아장아장 걷습니다.

위 문장을 보면, 신발이 어떤 특징을 갖고 있는지 '새'라는 말로 설명했고, 여러 책 중에 어떤 책을 가리키는지 '다른'이라는 말로 알려주었어요. 꿀벌의 수를 '한'이라는 말로 설명했지요. 그리고 아이의 모습을 '귀여운'이라고 덧붙여 설명해 주었어요.

★ 다음 사물의 움직임이나 특징을 나타내는 말을 꾸밈말로 바꿔 써 보세요.

한 줄 글쓰기

⭐ 꾸밈말에 유의하여, 낱말을 이어 문장을 만들어 봅시다.

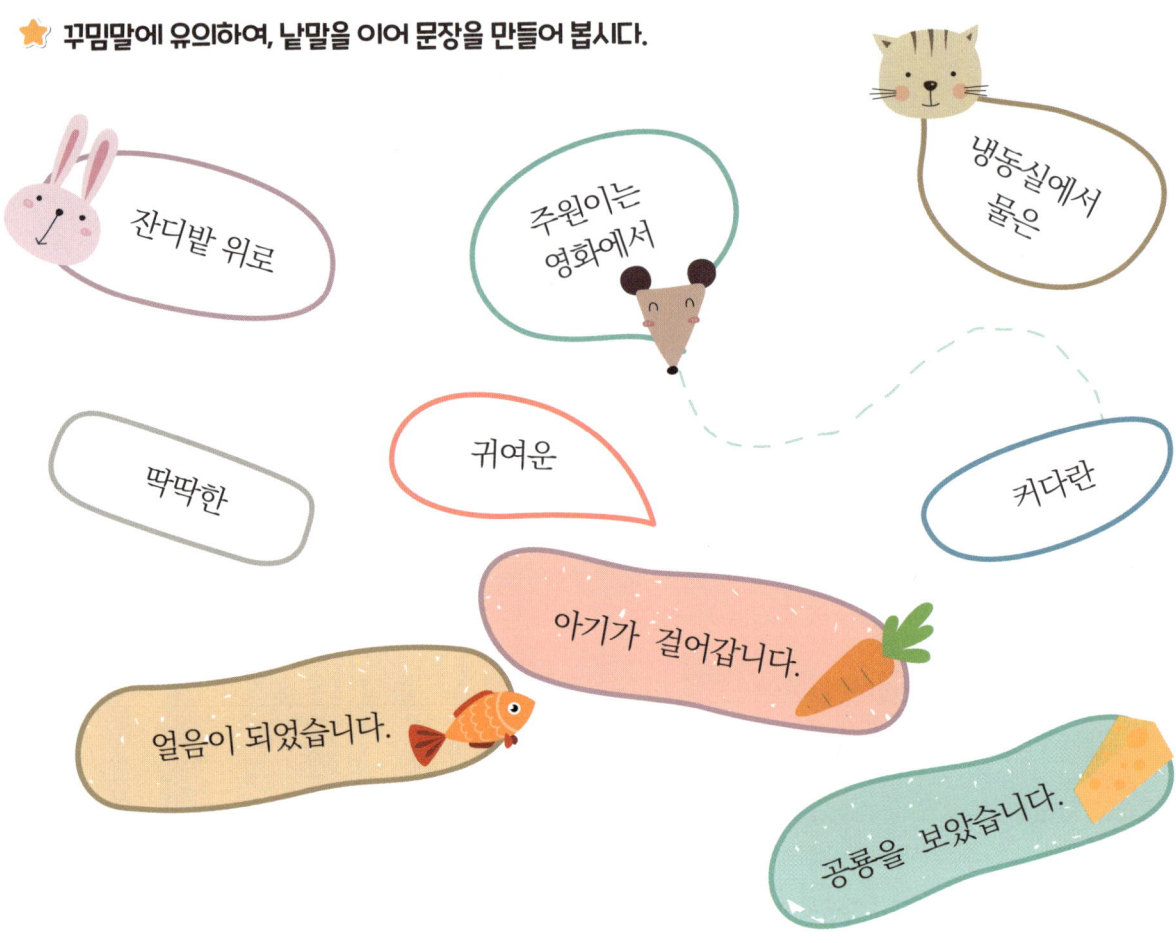

⭐ 빈칸에 들어갈 낱말을 적어 문장을 완성해 봅시다.

보기	새	한	두	헌	이
	그	저	세	여러	

① 두꺼비야, 이리 와. 내가 　새　 집을 줄게.

② 　　　　　 꽃은 정말 예쁘다.

③ 양 　　　　　 마리가 울타리를 뛰어 넘었다.

세 줄 글쓰기

🌸 도움말을 참고하여, 다음 글에 이어질 내용을 완성해 봅시다.

혹부리 영감

옛날 어느 마을에 한 할아버지가 살았어요. 할아버지의 얼굴에는 커다란 혹이 달려 있어서, 마을 사람들은 '혹부리 할아버지'라고 불렀어요. 혹부리 할아버지는 멋진 목소리로 노래하는 것을 좋아했지요. 어느 날 혹부리 할아버지가 산에서 나무를 하는데, 그만 날이 저물었어요. 하는 수 없이 어둑어둑해진 산길을 내려가던 혹부리 할아버지는 그만 길을 잃고 말았어요.

혹부리 할아버지는 산길을 헤매다 _____. 집에 들어선

할아버지는 무서워서 일부러 _____. 신나는 노래를 듣고,

_____. " 이 노래 말고 다른 노래도 불러 주세요. "

혹부리 할아버지와 도깨비들은 춤을 추고 노래를 부르며 신나게 놀았어요.

> **도움말** 한 오두막   찾다   쩌렁쩌렁한 목소리   노래하다   온갖 도깨비   몰려오다

DAY 12 어찌말로 꾸며 쓰기

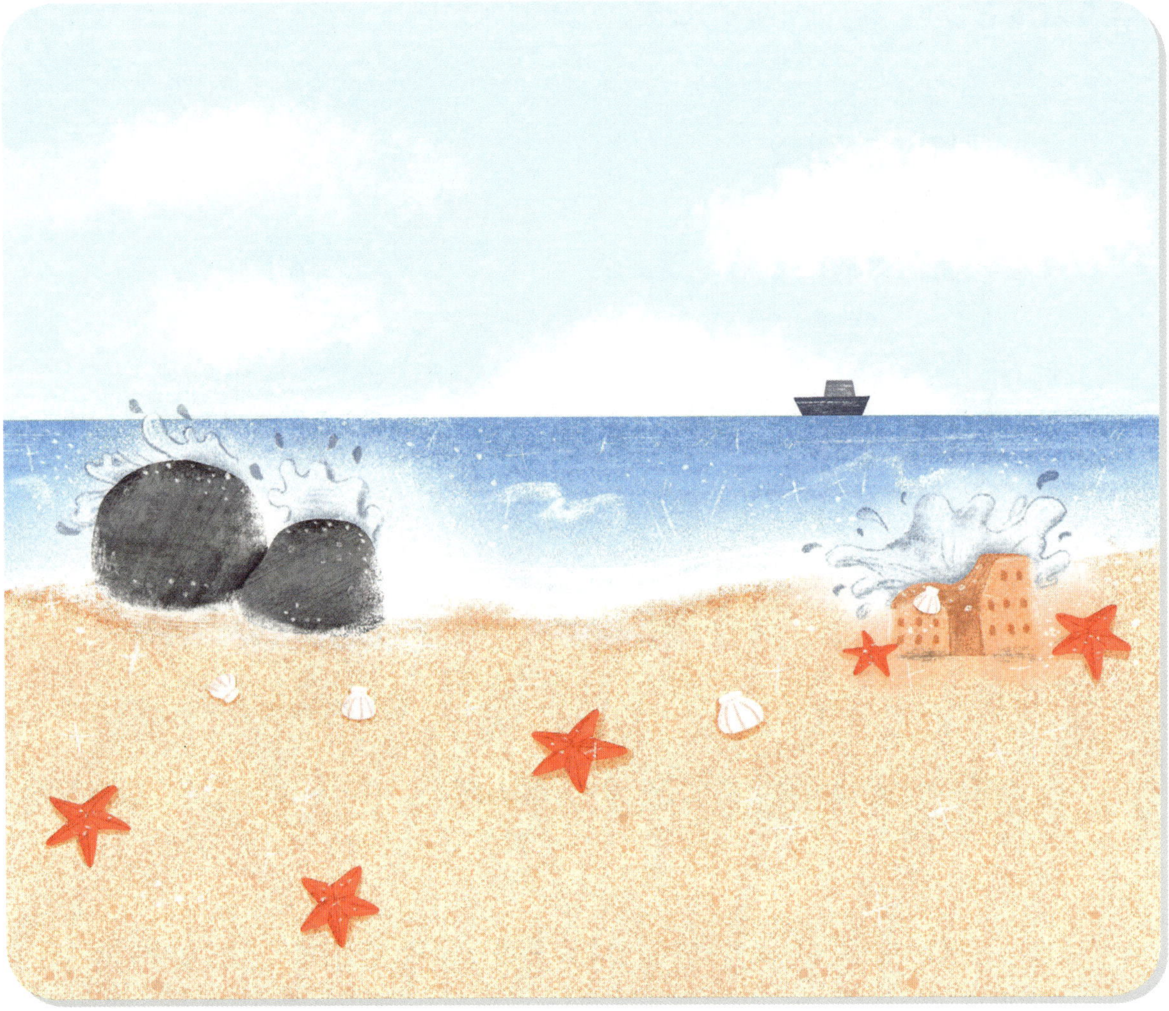

★ 행동이나 모습을 자세하게 말하고 싶을 때는 '어떻게' 행동하는지, '얼마나' 그러한지 자세하게 말하면 돼요. 위 그림을 보고 문장을 완성해 봅시다.

① 태양이 　뜨겁게　 내리쬐고, 파란 바다는 　　　　　　 반짝여요.

② 바위에 부딪힌 파도가 　　　　　　 부서져요.

③ 애써 지은 모래성이 　　　　　　 무너졌어요

보기   뜨겁게   이리저리   눈부시게   몽땅

행동이나 모습을 자세하게 말하고 싶을 때는 '어떻게' 혹은 '얼마나'를 뜻하는 낱말이나 '아니다'라는 뜻을 나타내는 낱말을 덧붙이면 글을 더욱 풍성하고 생동감 있게 표현할 수 있어요.

어떻게 / 얼마나 + 어찌하다

예) 동주는 아이스크림을 **정말** 좋아합니다.

민주는 채소를 **안** 좋아합니다.

너 **언제** 들어왔니?

여기에서 '정말'이라는 말을 붙여 동주가 아이스크림을 '얼마나' 좋아하는지 표현했어요. 또 '안'이라는 낱말로 부정의 뜻을 나타냈고, '언제'라는 말로 동작이 이루어진 시간을 묻고 있어요.

⭐ **다음 중 동작이나 상태를 꾸며주는 낱말에 동그라미 하세요.**

한 줄 글쓰기

⭐ 꾸밈말에 유의하여, 낱말을 이어 문장을 만들어 봅시다.

⭐ 빈칸에 들어갈 낱말을 적어 문장을 완성해 봅시다.

보기	빨갛게	약간	예쁘게	재빨리
	정말	신나게	굉장히	향기롭게

① 화단에 꽃이 빨갛게 피었다.

② 호랑이가 _____ 달려간다.

③ 공룡이 나오는 장면은 _____ 무섭다.

세 줄 글쓰기

도움말을 참고하여, 다음 글에 이어질 내용을 완성해 봅시다.

옛날 어느 마을에 한 총각이 살았어요. 어느 날 총각이 산에서 나무를 하다가 땅에 떨어진 개암 한 알을 주웠어요. 나무를 하다보니 어느새 주위가 컴컴하게 변했어요. 총각은 나뭇짐을 메고 부랴부랴 산길을 내려왔어요. 내려오는 길에 빈집을 발견한 총각은 하룻밤 묵어갈 요량으로 안으로 들어갔어요. 그런데 갑자기 밖에서 시끌벅적한 소리가 들려왔어요. 총각은 재빨리 대들보 위에 숨었어요.

알고 보니 그 소리는 도깨비들이 방망이를 _____.

한참이 지나 총각은 배가 고파 개암 열매를 몰래 깨물었어요 . 그 소리에 도깨

비들은 _____.

총각은 도깨비가 버리고 간 방망이를 가지고 집으로 돌아가 큰 부자가 되었답니다.

도움말 신나게 두드리다 깜짝 놀라다 방망이 버리다 부리나케 달아나다

소리를 흉내 내는 말로 꾸며 쓰기

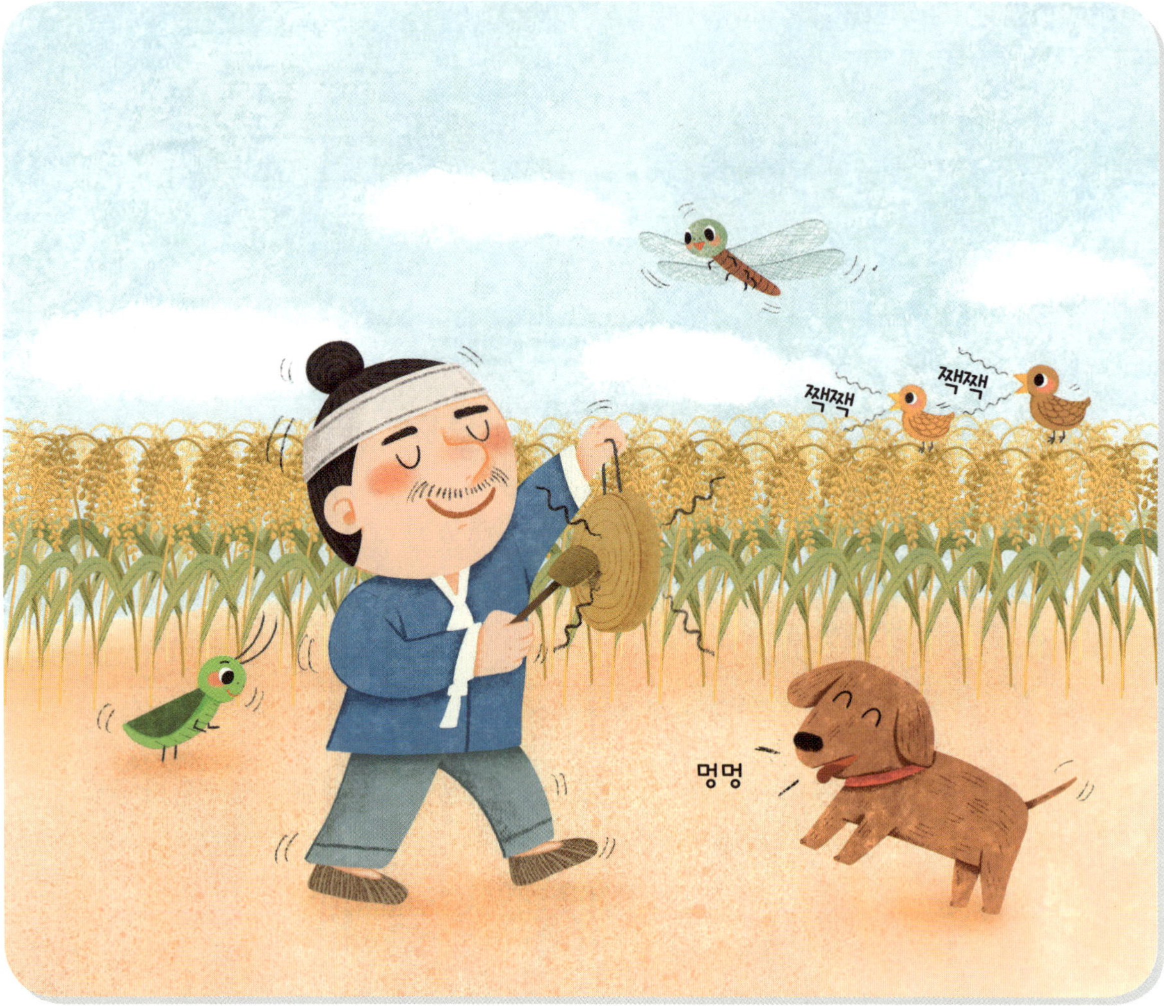

⭐ 행동이나 모습을 생동감 있게 표현하고 싶을 때는 그 소리를 흉내 내는 말을 쓰면 돼요. 위 그림을 보고 문장을 완성해 봅시다.

① 가을이 되자 누렇게 익은 벼들이 『 샤샤 』 물결쳐요.

② 고추잠자리가 『   』 날고 귀뚜라미가 『   』 울어요.

③ 논둑에 선 농부아저씨가 『   』 꽹과리를 쳐서 참새를 쫓아요.

보기 샤샤   윙윙   까강까강   귀뚤귀뚤

소리를 흉내 내는 말은 동작이나 상태가 '어떻게' 일어나는지 실감나고 재미있게 표현해 줍니다. 움직일 때 나는 소리 외에 동물 울음 소리나 악기 소리는 대부분 소리를 흉내 내는 말로, '의성어'라고 해요. 그리고 이런 말은 큰말과 작은말이 있어요.

> **예** 사이렌이 **삐뽀삐뽀** 울립니다.
>
> 오리가 **꽥꽥** 웁니다.
>
> 파도가 **철썩철썩** 칩니다.
> (작) 찰싹찰싹

'꽥꽥' 하고 오리가 우는 소리를 넣어 오리의 모습을 생동감 있게 표현했어요. 또 파도가 치는 소리를 '철썩철썩'이라고 표현해서 마치 바닷가에 있는 듯한 느낌을 주었어요.

⭐ **다음 내용에 맞게 소리를 흉내 낸 말을 적어 봅시다.**

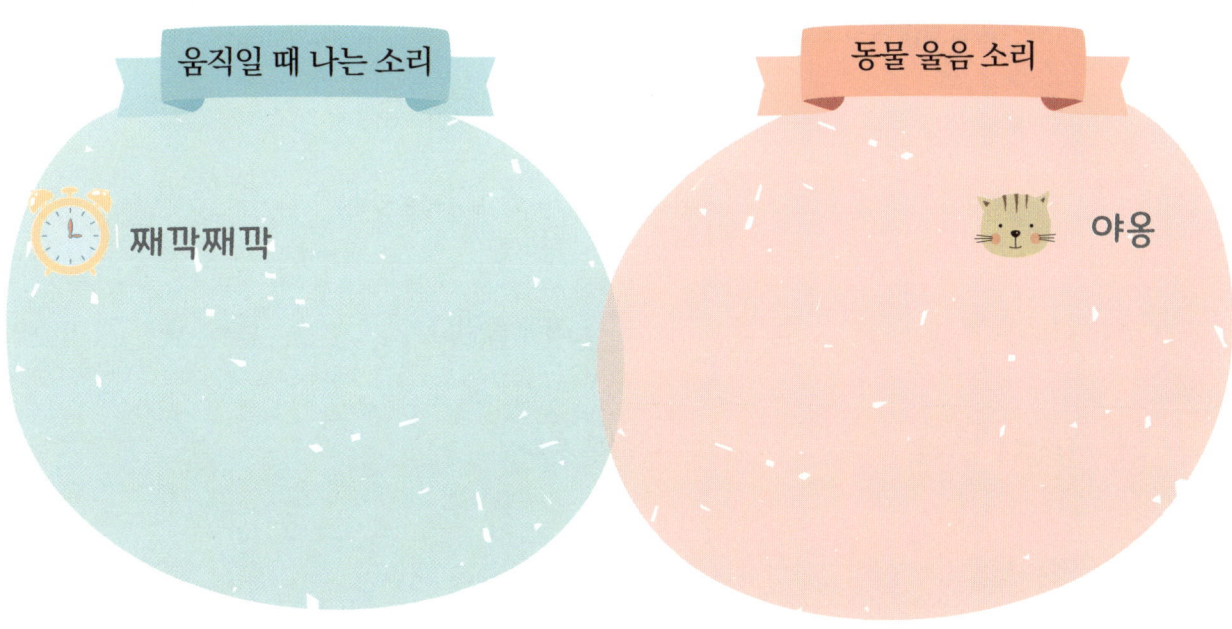

한 줄 글쓰기

⭐ 소리를 흉내 내는 말에 유의하여, 낱말을 이어 문장을 만들어 봅시다.

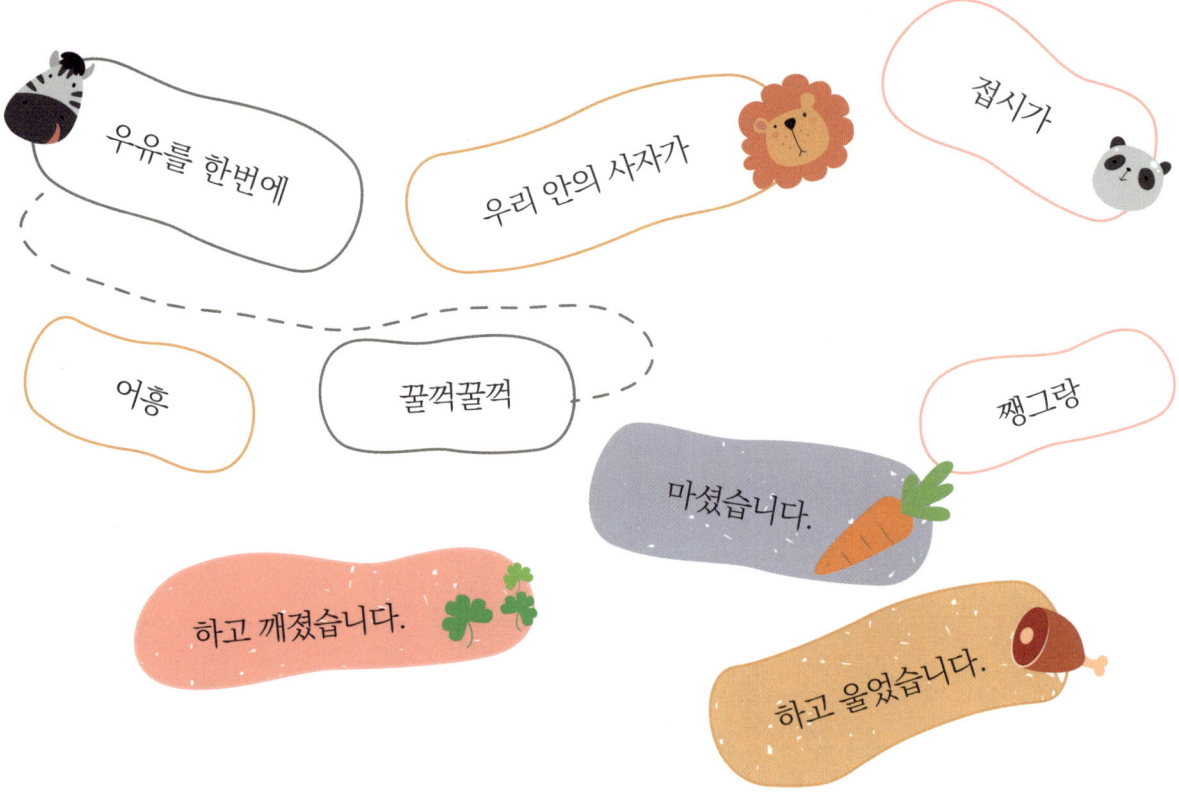

⭐ 빈칸에 들어갈 낱말을 적어 문장을 완성해 봅시다.

> **보기** 맴맴 짹짹 둥둥 깍깍
> 쿨쿨 동동 쌔근쌔근 드르렁드르렁

① 나무 위에서 맴맴 소리가 들린다.

② 동생이 _____ 낮잠을 잔다.

③ 형은 북을 _____ 쳤다.

★ 세 줄 글쓰기

🌸 도움말을 참고하여, 다음 글에 이어질 내용을 완성해 봅시다.

두 방귀쟁이 친구가 방귀 시합을 벌였어요.
"뿌웅, 뿡!"
둘은 함께 방귀를 뀌었어요.
"뿌우우우웅, 뿡!" "퍼어엉, 퍼엉!"
방귀 바람에 절구통이 휭 하늘 높이 날아갔어요.

절구통은 하늘로 휭휭 날아올라 달나라에 뚝 떨어졌어요 .

절구통은 달나라 골짜기에 _____ .

달나라에 살던 토끼들은 절구통을 보고 _____ .

그래서 지금도 달나라 토끼들은 _____ .

도움말   데구루루   굴러 떨어지다   짝짝   박수를 치다   덩더꿍   떡방아를 찧다

모양을 흉내 내는 말로 꾸며 쓰기

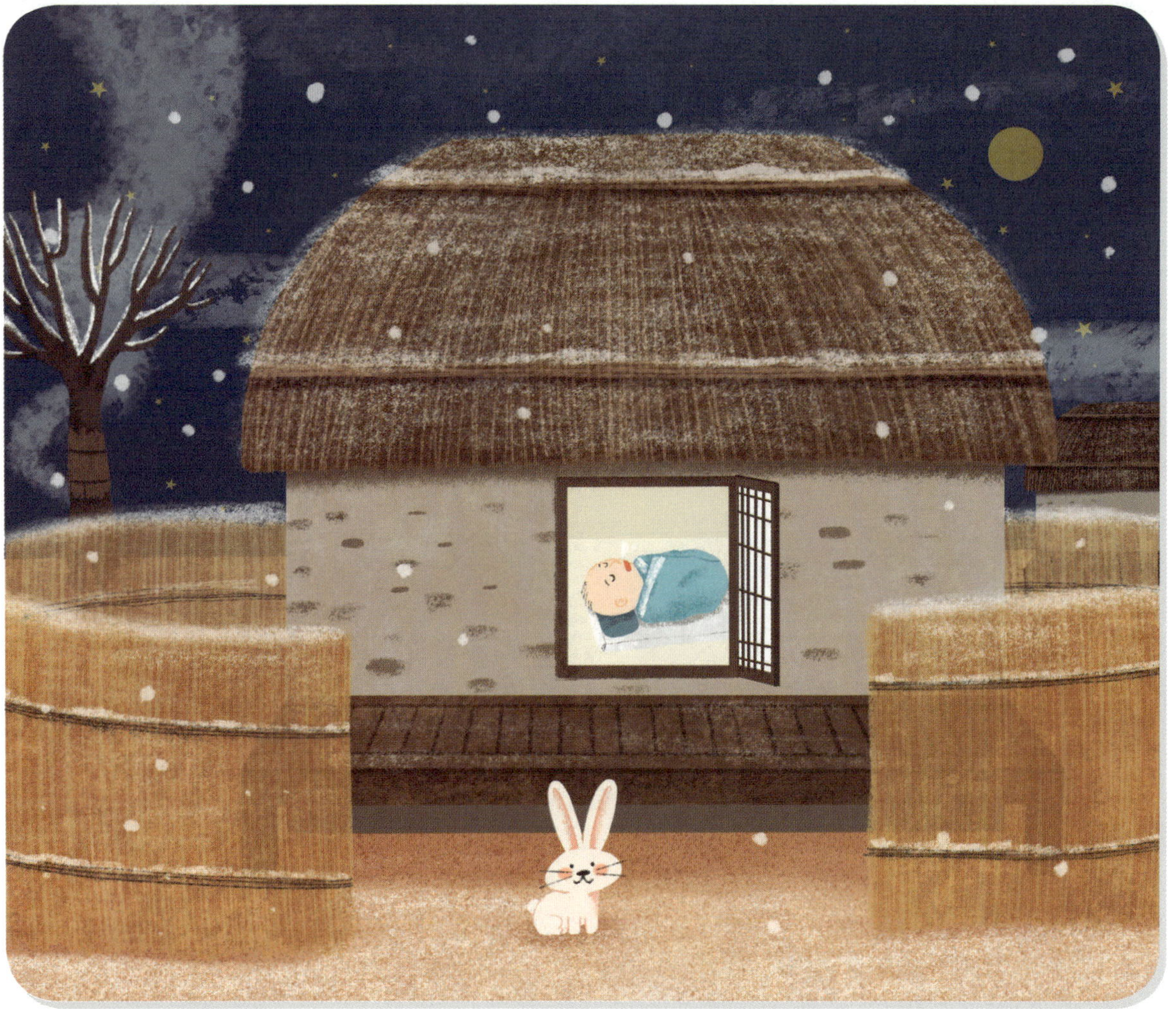

⭐ 행동이나 모습을 생동감 있게 표현하고 싶을 때는 그 모양을 흉내 내는 말을 쓰면 돼요. 위 그림을 보고 문장을 완성해 봅시다.

① 밤하늘에 별이 [반짝반짝] 빛나고, 눈송이가 [   ] 내려요.

② 토끼가 눈밭을 [   ] 뛰어가요.

③ 굴뚝에서 연기가 [   ] 피어나고, 아기는 [   ] 잠들었어요.

보기 | 반짝반짝   깡충깡충   나풀나풀   새근새근   모락모락

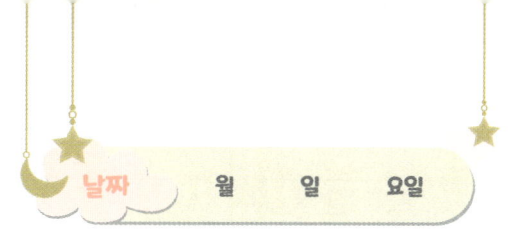

모양을 흉내 내는 말 역시 동작이나 상태가 '어떻게' 일어나는지 재미있게 표현해 줘요. 이런 말을 사용하면 상황이 눈앞에서 펼쳐지는 것처럼 실감나게 표현할 수 있어요.

> 예 봄비가 **보슬보슬** 내립니다.
>
> 토끼가 **깡충깡충** 뛰어갑니다.

'보슬보슬'이라는 낱말을 쓰니까 조용히 봄비가 내리는 장면을 쉽게 상상할 수 있어요. 또 '깡충깡충'이라는 말을 써서 토끼가 짧은 다리로 뛰어가는 모습을 생생하게 표현했어요. 그리고 '새근새근'이나 '보글보글'처럼 모양과 소리를 함께 나타내는 낱말이 있어요.

⭐ 소리나 모양을 흉내 내는 말에는 큰말과 작은말이 있어요. 다음 빈칸에 알맞은 낱말을 적어 봅시다.

* 큰말: 느낌이 크고, 어둡고, 무겁게 들리는 말. (예) 누렇다, 물렁물렁, 싱글싱글
  작은말: 느낌이 작고 가볍고, 밝게 들리는 말. (예) 노랗다, 말랑말랑, 생글생글

한 줄 글쓰기

⭐ 모양을 흉내 내는 말에 유의하여, 낱말을 이어 문장을 만들어 봅시다.

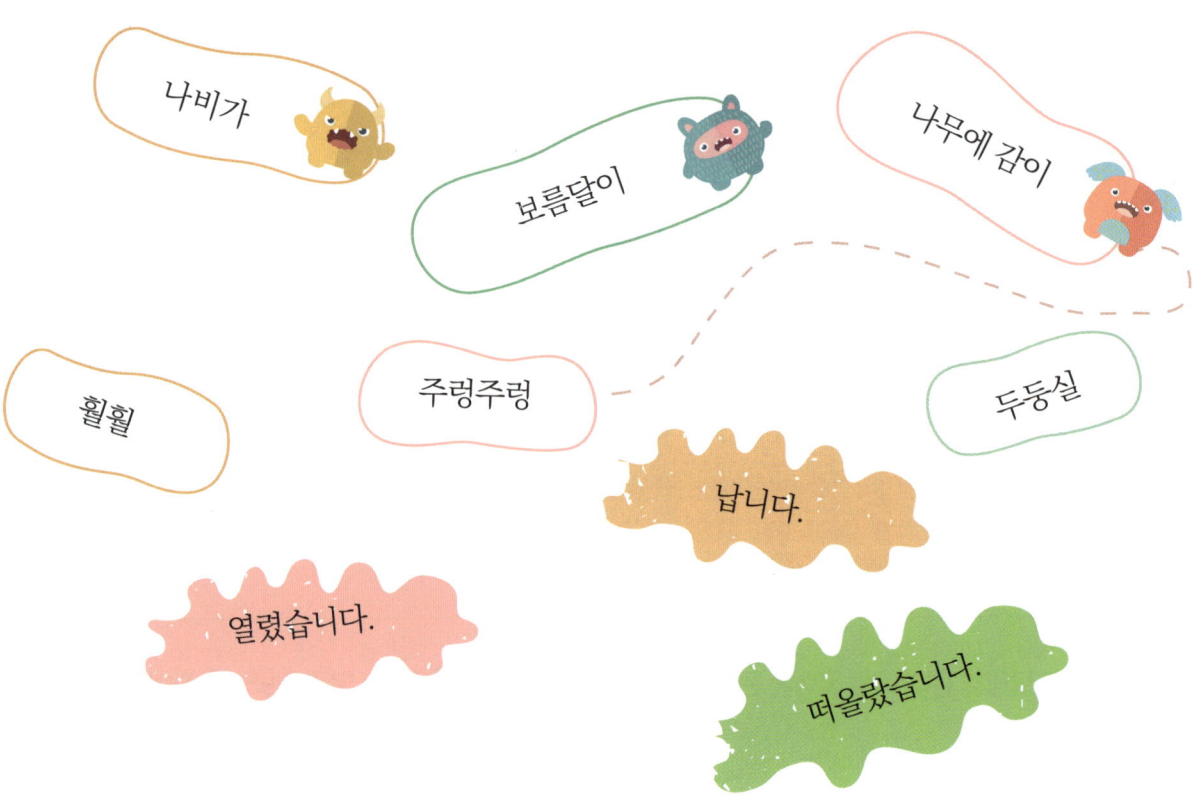

⭐ 빈칸에 들어갈 낱말을 적어 문장을 완성해 봅시다.

보기	느릿느릿	멀뚱멀뚱	데굴데굴	우두커니
	또르르	성큼성큼	엉거주춤	어슬렁어슬렁

① 숲에서 호랑이가 　느릿느릿　 걸어 나왔다.

② 유리 구슬이 　　　　　 굴러간다.

③ 길모퉁이에 한 사람이 　　　　　 서 있다.

세 줄 글쓰기

도움말을 참고하여, 다음 글에 이어질 내용을 완성해 봅시다.

떡시루 잡기

아주 먼 옛날 호랑이와 두꺼비가 풀밭에 앉아 있었어요.

"꼬르륵." 배가 출출해지자 둘은 떡을 만들어 먹기로 했어요. 둘은 조물조물 떡을 빚어 떡시루에 안치고 불을 땠어요. 얼마 지나지 않아 떡시루에서 김이 모락모락 났어요.

호랑이는 침을 꿀꺽 삼키며 생각했어요. "이 떡을 나 혼자 먹을 순 없을까?" 호랑이는 잔꾀를 내어 두꺼비에게 떡시루 잡기 놀이를 하자고 했어요.

호랑이의 속셈을 눈치챈 두꺼비는 떡을 <u>꿀떡 먹어 치웠어요</u>. 호랑이는 멋도 모른채 떡시루를 굴렸어요. 떡시루가 산 아래로 _____.

호랑이는 떡시루를 쫓아 _____.

하지만 두꺼비는 _____.

도움말 떼굴떼굴 구르다 껑충껑충 달려가다 히죽히죽 웃다 느릿느릿 내려가다

DAY 15 장소, 시간을 넣어 꾸며 쓰기

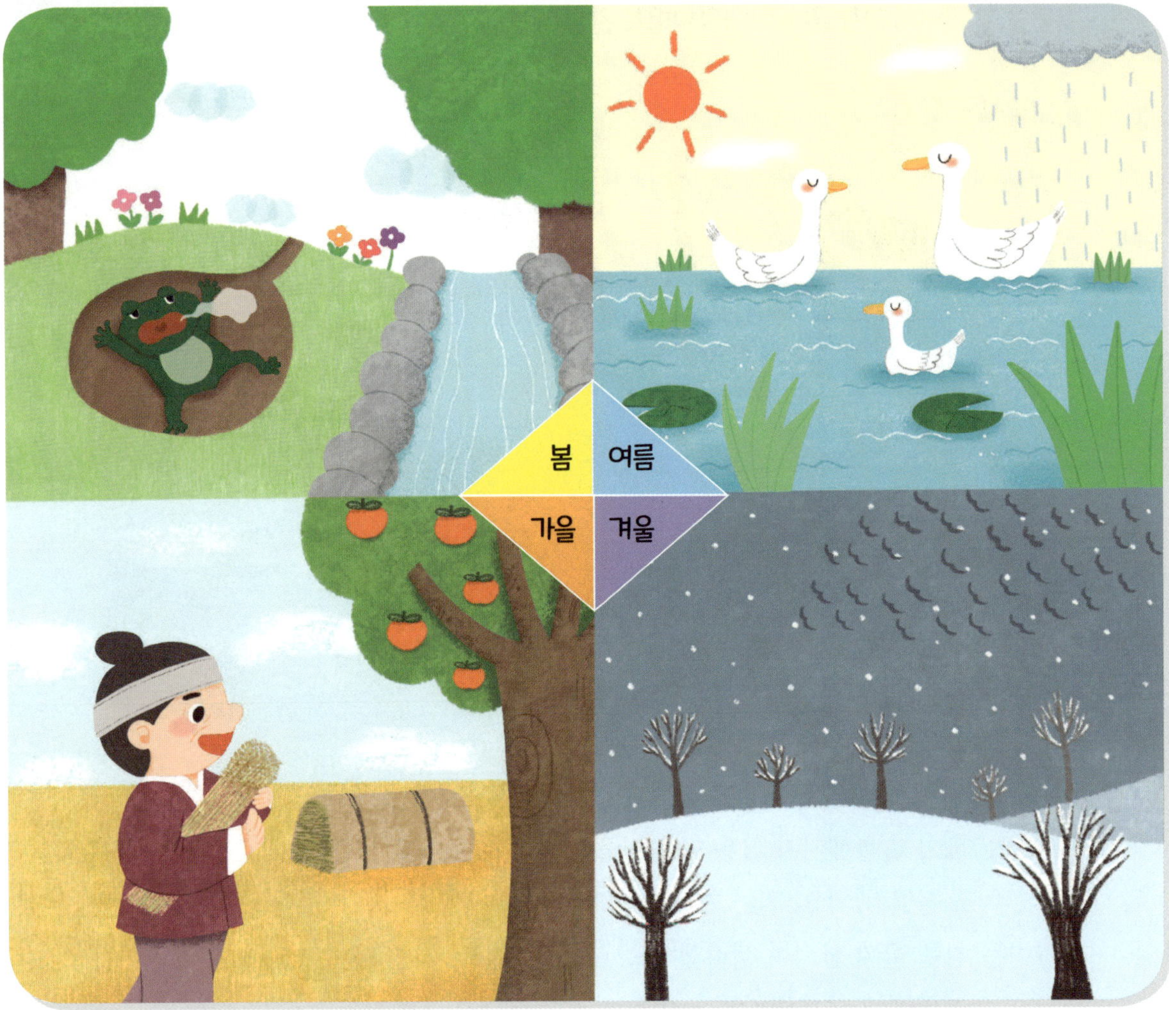

⭐ 글을 쓸 때 장소와 시간을 나타내는 낱말을 넣으면 더 정확하게 표현할 수 있어요. 위 그림을 보고 문장을 완성해 봅시다.

① **봄에는** 개구리가 깨어나요.

② 여름에는 오리들이 _____ 헤엄을 쳐요.

③ 겨울에는 철새들이 _____ 떼지어 날아와요.

보기 봄에는   남쪽 하늘에서   연못에서

시간과 장소를 나타내는 말은 문장의 내용이나 상황을 구체적이고 자세하게 설명해 주지요.

> **예** **어젯밤에** 나는 무서운 꿈을 꿨습니다.
> ▶ 시간을 나타내는 말
>
> 우리는 **운동장에서** 축구를 합니다.
> ▶ 장소를 나타내는 말

위 문장에서 무서운 꿈을 꾼 때가 '언제인지', 축구를 한 장소가 '어디인지' 분명하게 말했기 때문에 우리는 문장의 내용을 더 확실하게 알 수 있어요.

⭐ 시간을 나타내는 말과 장소를 나타내는 말을 자유롭게 적어 봅시다.

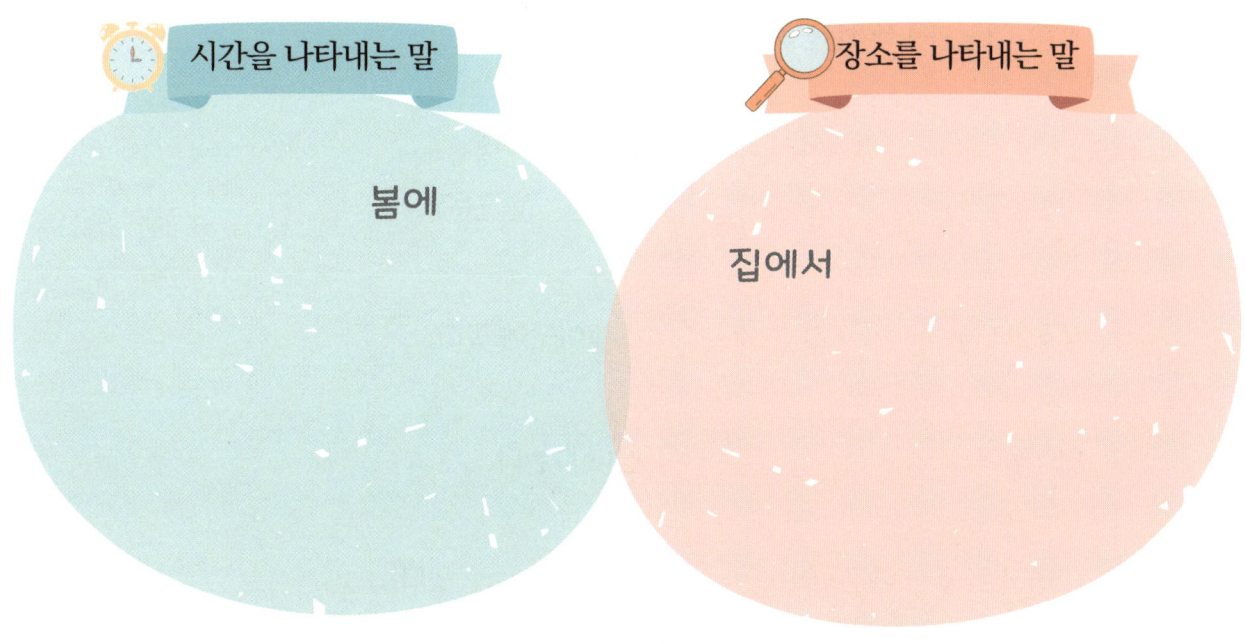

한 줄 글쓰기

⭐ 장소, 시간을 나타내는 말에 유의하여, 낱말을 이어 문장을 만들어 봅시다.

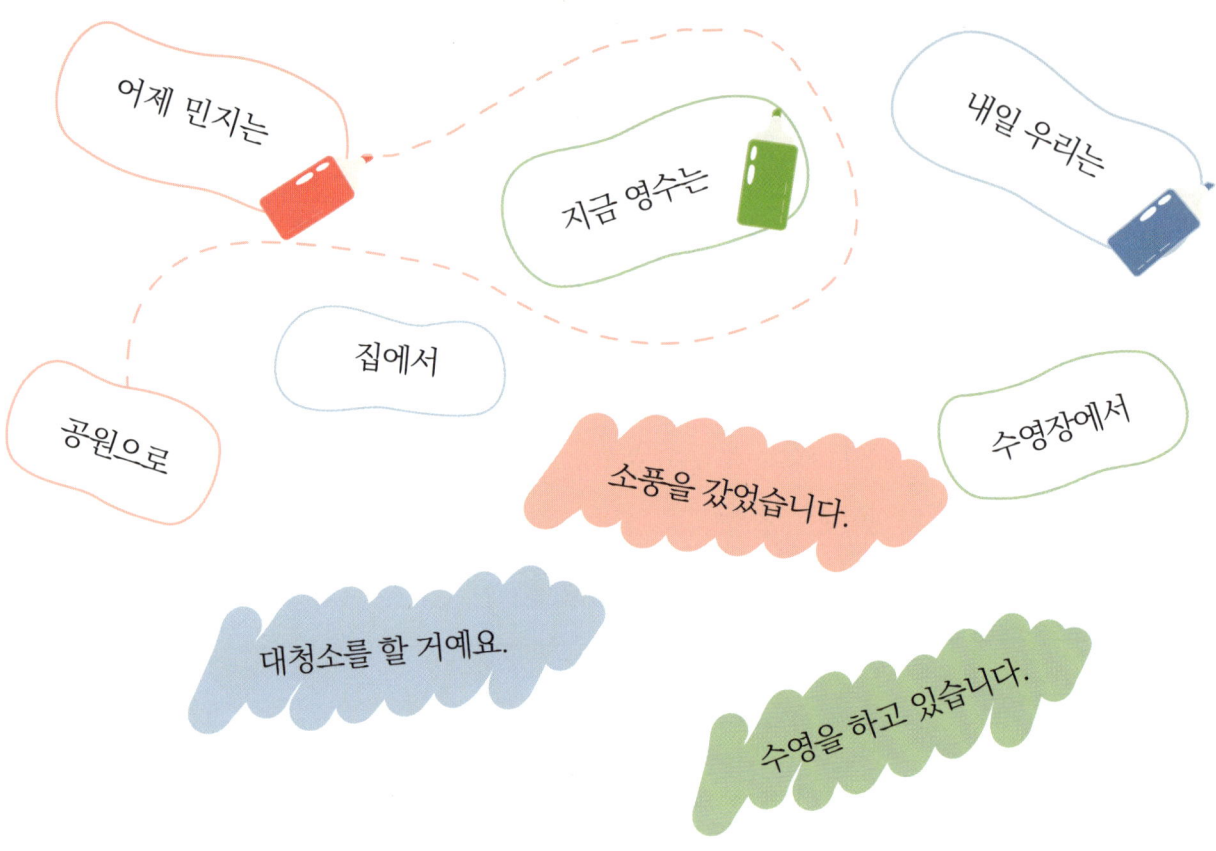

⭐ 빈칸에 들어갈 낱말을 적어 문장을 완성해 봅시다.

보기	오후에	차 안에	저녁에	공원에서	책상 위에
	조금 전에	책 사이에	놀이터에서	운동장에서	

① 윤주와 나는   오후에   놀이터에 갔다.

② 아이들이 _____ 신나게 논다.

③ 아빠가 사 주신 야구공이 _____ 있다.

세 줄 글쓰기

도움말을 참고하여, 다음 글에 이어질 내용을 완성해 봅시다.

옛날 어느 산골 마을에 할아버지와 할머니가 어린 손자와 함께 살고 있었어요. 마을 입구에는 고개 하나가 있었는데, 이름이 '삼 년 고개'였어요. 고개에서 넘어지면 삼 년밖에 못 산다고 해서 붙여진 이름이에요.

어느 날 할아버지가 장에 갔다가 삼 년 고개를 지나는데, 갑자기 토끼 한 마리가 툭 튀어나왔어요. 깜짝 놀란 할아버지는 그만 고갯길에서 고꾸라지고 말았어요.

<u>할아버지는 삼 년 고개에서 넘어진 뒤</u>, 집으로 돌아오자마자 자리에 누웠어요.

손자는 빙긋 웃으며 할아버지를 모시고 _____.

"<u>아까 넘어졌으니 3년을 사시는 거고</u>, _____ 6년을 사실 거예요." 손자의 재치에 할아버지는 _____.

도움말 삼 년 고개 가다 지금 넘어지다 고개 몇 번 구르다

재미 잼 ④ 흥미진진 스토리텔링

🌈 다음 그림에 어울리도록 흉내 내는 말을 빈칸에 써 넣고, 이야기를 나누어 봅시다.

도움말
쨍쨍   와르르   철썩철썩   반짝반짝   사그락사그락
짹짹   꼬끼오   멍멍   끼룩끼룩   재잘재잘

쨍쨍

4장

자세한 문장 쓰기

짧은 문장을 다시 한번 풀어서 쓰면 자세하고도 길게 글을 쓸 수 있어요. 여기서는 앞 문장에 대한 예를 들어 보거나, 말하고 싶은 내용을 다른 것에 빗대어 설명하거나 둘을 비교하여 쓰는 등 자세하게 문장 쓰는 법을 익혀 봐요.

DAY 16	예를 들어 쓰기
DAY 17	빗대어 쓰기
DAY 18	비교하여 쓰기
DAY 19	전체를 나누어 쓰기
DAY 20	상상하여 쓰기
재미잼 ④	가로 세로 낱말 퀴즈

예를 들어 쓰기

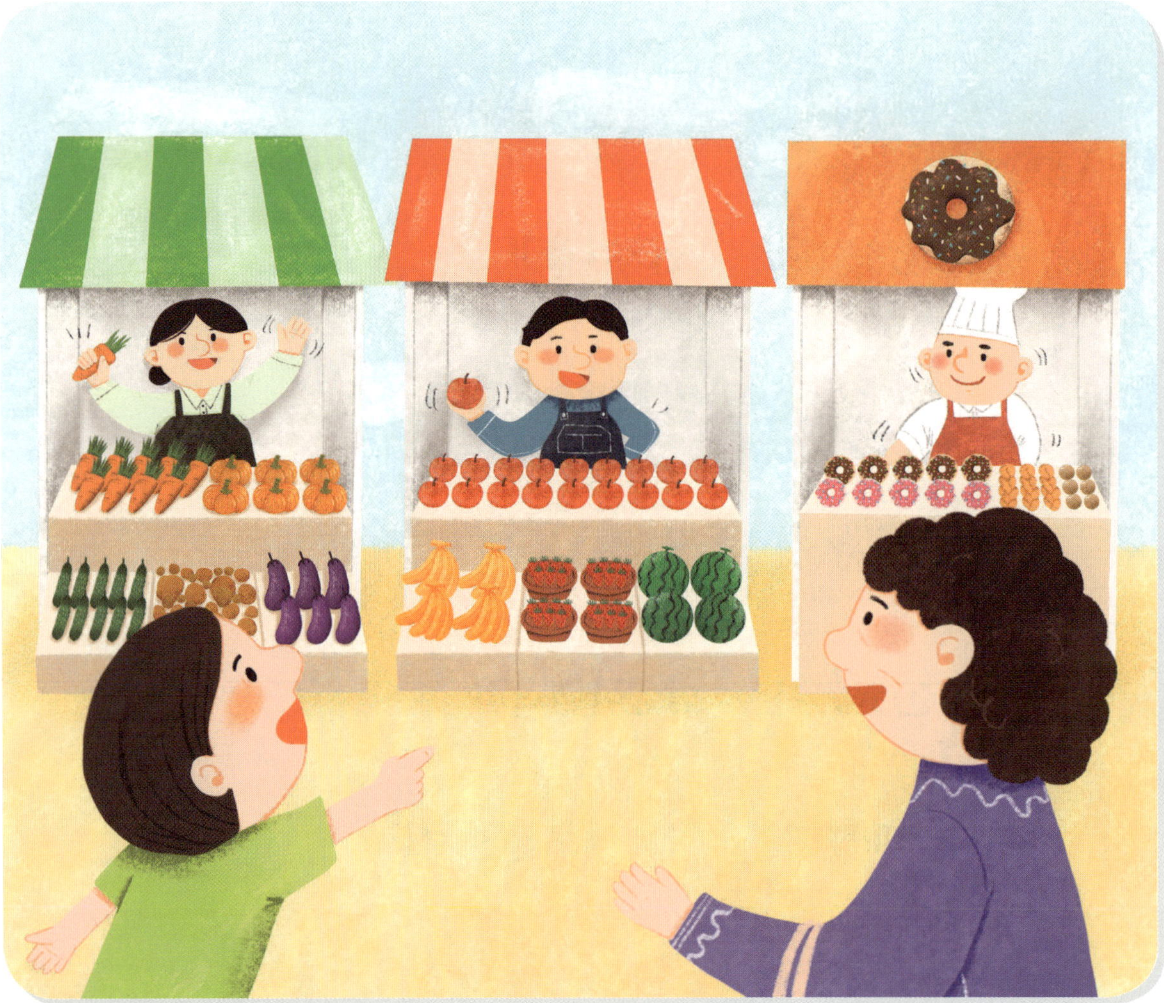

⭐ 글을 쓸 때 <u>구체적인 예를 덧붙이면</u> 더 자세하게 표현할 수 있어요. 위 그림을 보고 문장을 완성해 봅시다.

① 시장에는 다양한 가게가 있어요. 예를 들어 채소 가게, 과일 가게가 있어요.

② _____ 반찬 가게, 도너츠 가게 등이 있어요.

③ 엄마는 시장에서 감자, 당근 _____ 채소를 사 오셨어요.

| 보기 | 예를 들어 | 그리고 | 등 |

88

앞에 나온 이야기의 구체적인 예를 들면 그 내용을 쉽게 이해할 수 있어요. 먼저 무엇에 대한 내용인지 쓴 다음 그것에 대한 예를 쓰면 됩니다.

> 예 봄이 되면 꽃이 많이 핍니다. **개나리, 목련, 벚꽃처럼** 노랗고 하얀 꽃이 핍니다.
>
> 어떤 동물들은 겨울이 되면 겨울잠을 잡니다. 예를 들면 **곰, 개구리, 뱀 같은 동물**이 땅속이나 나무 구멍에서 겨울잠을 잡니다.

이때 예를 들 것이 많으면 '그리고', '또' 등의 연결하는 말을 넣어 문장을 이어요.

> 예 나는 매운 것을 아주 잘 먹습니다. **김치, 떡볶이 그리고 고추도** 잘 먹습니다.

⭐ **다음 낱말의 예를 들어 봅시다.**

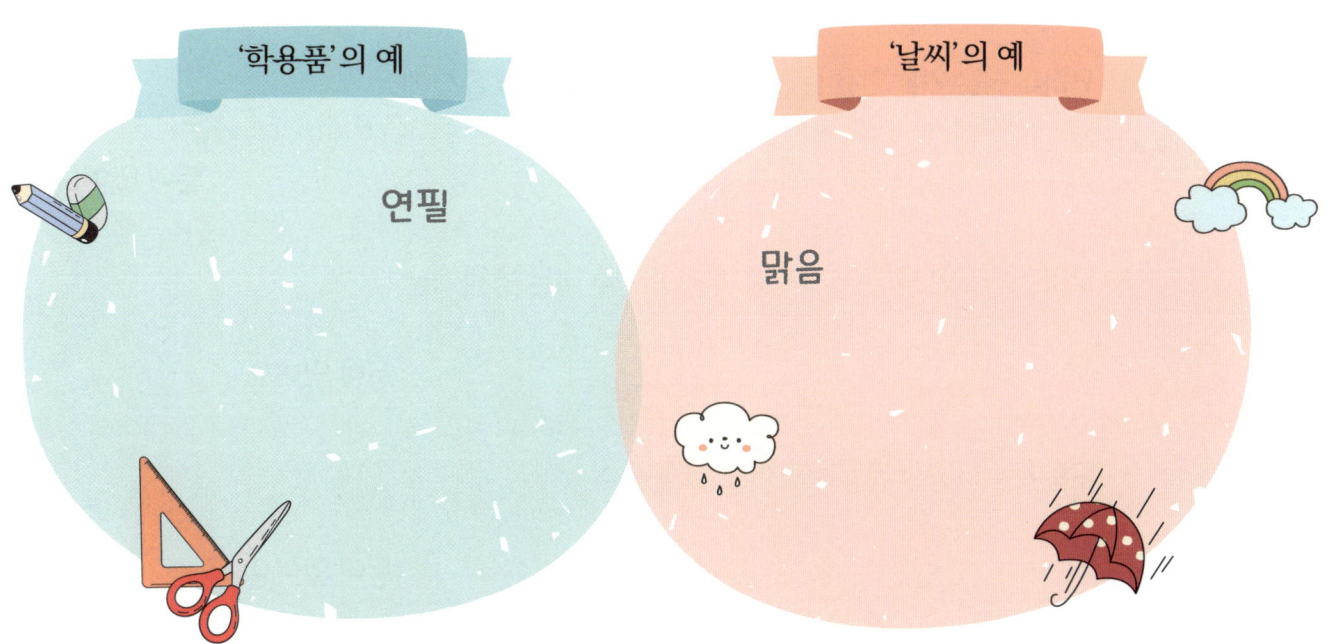

'학용품'의 예: 연필

'날씨'의 예: 맑음

★ 한 줄 글쓰기

⭐ 주제와 그 예가 되는 낱말을 줄로 이어 봅시다.

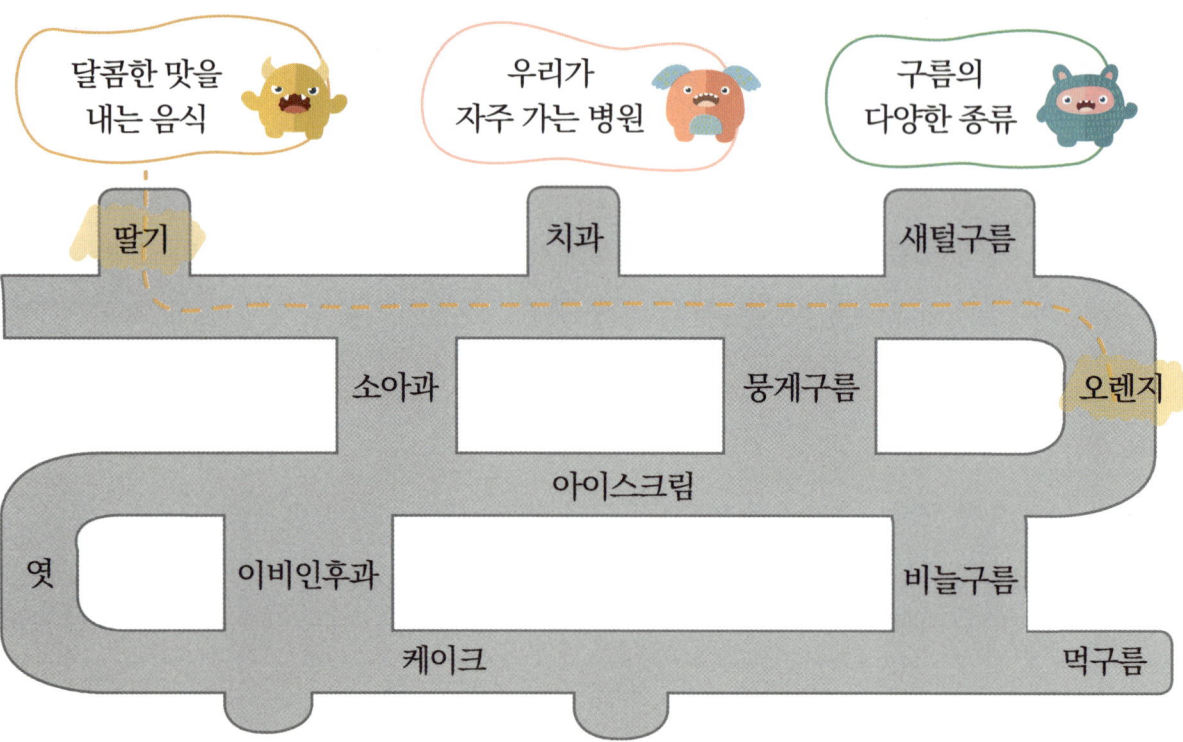

⭐ 위에서 이은 내용을 문장으로 써 봅시다.

① 우리는 혀로 많은 맛을 느낍니다. 달콤한 맛을 내는 음식에는

_____ 등이 있어요.

② 우리는 아프면 병원에 가지요. 우리가 자주 가는 병원에는

_____ 등이 있어요.

③ 구름에는 다양한 종류가 있어요. 예를 들어

_____ 등이 있어요.

세 줄 글쓰기

도움말을 참고하여, 다음 글에 이어질 내용을 완성해 봅시다.

여러 가지 새 둥지

진흙

나뭇가지

　새들은 다양한 지역에서 다양한 모습으로 살아가요. 특히 새끼를 기르기 위해 둥지를 짓는데, 주변 환경을 잘 이용해요.

　수풀이 우거진 곳에 사는 새들은 땅에 사는 천적을 피해 나무 높이 둥지를 지어요. 또 사막에 사는 새들은 큰 온도차를 견딜 수 있도록 땅속에 구멍을 뚫어 둥지로 삼아요. 또 바닷가에 사는 새들은 좁은 바위틈에 새끼를 낳아 기르지요.

또 새는 여러 가지 형태의 둥지를 지어요. 예를 들어 둥그런 공 모양 둥지를 짓기도 하고, _____.

만드는 재료도 다양해서, _____,

_____.

도움말 둥그런 공 모양   길쭉한 주머니 모양   지푸라기와 진흙   나뭇가지   둥지를 엮다

DAY 17 빗대어 쓰기

⭐ 어떤 사람이나 사물에 대해 쓸 때, 그것과 닮은 점이 있는 다른 것에 빗대어 표현하면 눈에 보이듯 생생하게 나타낼 수 있어요. 위 그림을 보고 문장을 완성해 봅시다.

① 하늘은 바다 　처럼　 파래요.

② 길가에 핀 꽃은 　　　　　 서로 이야기를 나누는 듯해요.

③ 내 마음은 구름 　　　　　 둥실 떠오르는 것 　　　　　.

> 보기　　처럼　　　같아요　　　마치

92

글을 쓸 때 표현하려고 하는 것과 성질, 모양, 크기, 색깔 등 닮은 점을 빗대면 생생하게 표현할 수 있어요.

> 예) 아기 손은 **단풍잎** 같습니다.
> 엄마의 마음은 마치 **넓은 바다**와 같습니다.

먼저 쓰려는 것의 특징을 간단히 설명하고 다음에 그 특징과 비슷한 것과 견주는 내용을 씁니다. '마치 ~와 같다', '~처럼', '같은' 등의 말로 표현하면 됩니다. 그리고 뒤에 그 문장에 대한 느낌을 덧붙이면 더 자세한 문장이 됩니다.

> 예) 눈송이**처럼** 하얀 꽃잎이 소담스럽게 떨어집니다.
> 하늘에 떠 있는 구름이 **마치** 솜사탕 **같다**. 한 입 떼어 먹으면 정말 달콤하겠지?

★ 다음 낱말과 빗대어 표현할 수 있는 낱말을 적어 봅시다.

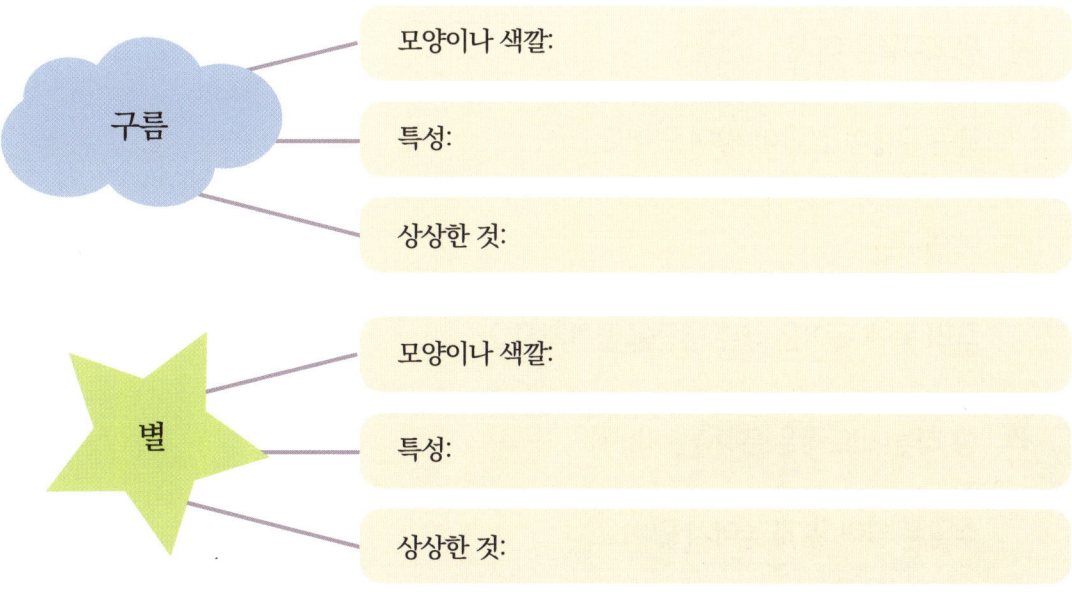

- 구름
  - 모양이나 색깔:
  - 특성:
  - 상상한 것:
- 별
  - 모양이나 색깔:
  - 특성:
  - 상상한 것:

한 줄 글쓰기

⭐ 주제와 그것을 빗댄 내용을 줄로 이어 봅시다.

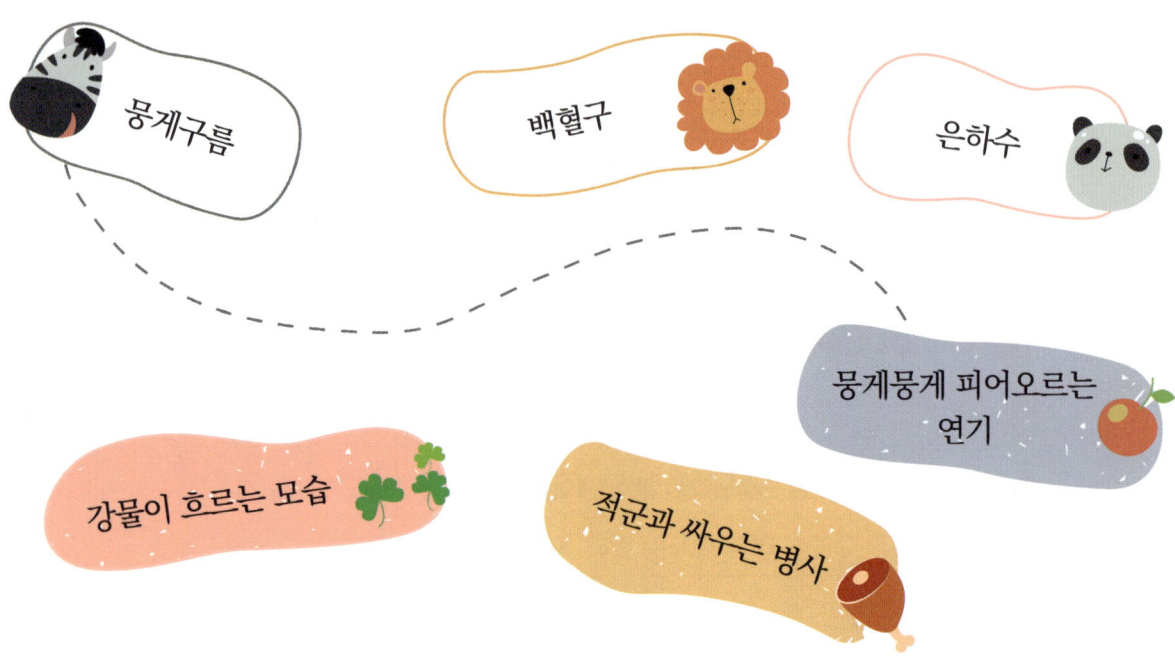

⭐ 위에서 이은 내용을 문장으로 써 봅시다.

① 뭉게구름은 마치 _____ 처럼,

둥근 구름이 겹겹이 쌓여 있어요.

② 백혈구는 _____ 같아서,

우리 몸에 들어온 나쁜 병균을 물리치지요.

③ 밤 하늘에 드리운 은하수는 마치 _____ 처럼,

수많은 별이 길게 늘어서 있어요.

세 줄 글쓰기

도움말을 참고하여, 다음 글에 이어질 내용을 완성해 봅시다.

모두 하나의 씨앗

우리는 종종 우리의 모습을 자연에 빗대어 표현하기도 해요. 온갖 역경에 시달려도 꿋꿋이 다시 일어서는 모습은 마치 나무가 거센 바람에 이리저리 흔들리다가도 굳건히 그 자리를 지키고 서 있는 모습 같아요. 또 생명이 태어나 자라고 그 생명이 다시 새로운 생명을 탄생시키는 우리의 삶은 마치 봄, 여름, 가을, 겨울을 지나 또다시 봄을 맞는 계절의 흐름과 같아요.

우리의 생명은 마치 _____.

엄마 배 속에 있던 아이가 태어나는 모습은 마치 땅속에 있던 씨앗이 _____

_____. 또 아이가 건강하게 자라나는 모습은 마치 꽃들이

_____.

도움말 ~과 같다   새싹을 틔우다   알록달록   꽃망울   터뜨리다   아름답다

DAY 18 비교하여 쓰기

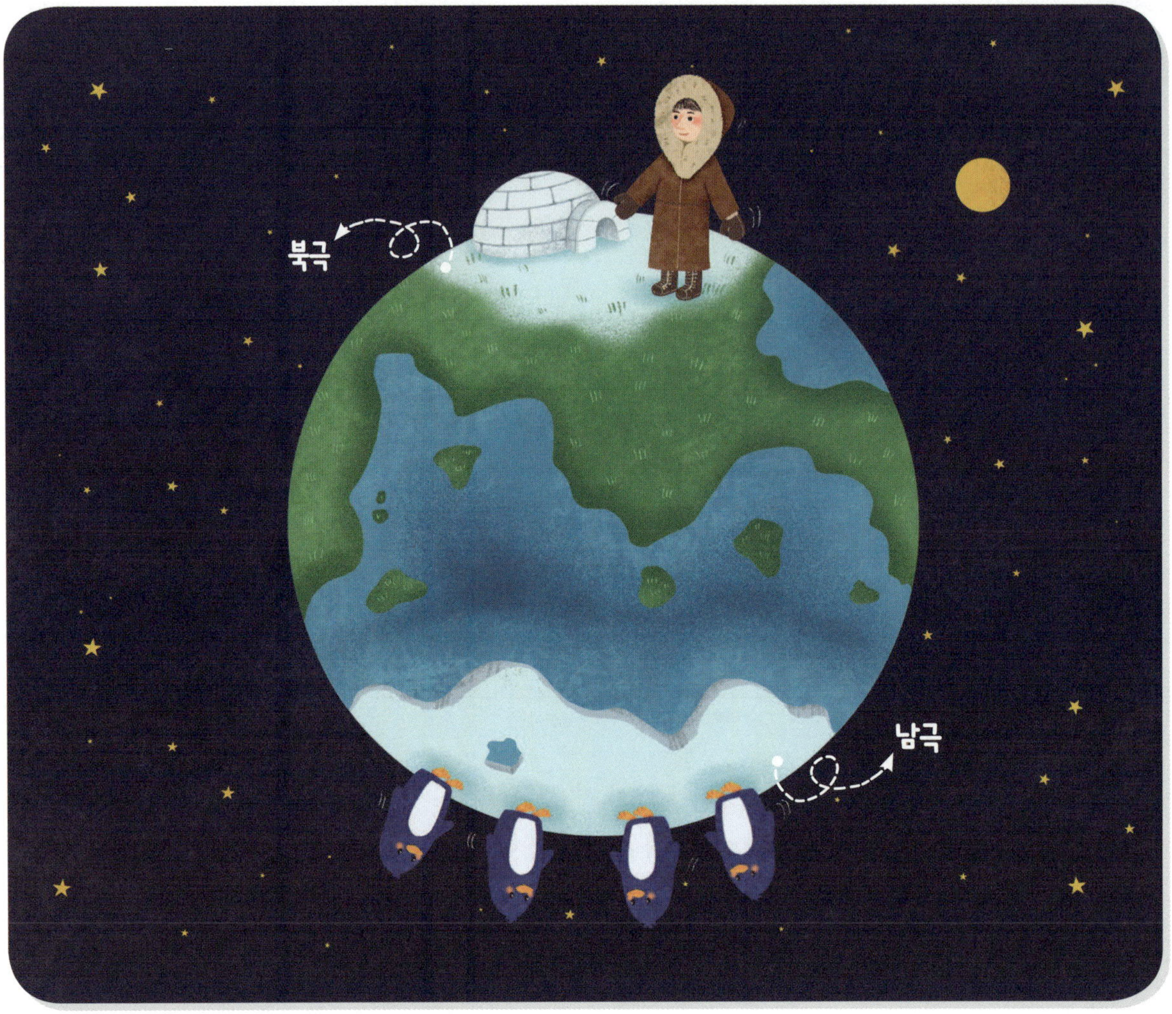

⭐ 여러 대상을 비교하여 글을 쓰면 내용이 풍성하고 정확해져요. 위 그림을 보고 문장을 완성해 봅시다.

❶ 북극과 남극은 지구의 두 극지방으로, 　모두　 매우 추운 지역이에요.

❷ _____ 남극이 북극보다 훨씬 추워서 아무도 살지 않는다는 거예요.

❸ _____ 북극에는 예전부터 원주민이 살고 있었어요.

보기   모두   이와 달리   다른 점이라면

글을 풍성하게 쓰는 방법 중에는 대상을 비교하여 쓰는 방법이 있어요. 두 가지 대상을 놓고 색깔이나 모양, 습성 등을 비교하여 같은 점이나 다른 점을 설명하는 방식이에요. 이렇게 쓰면 두 대상을 더욱 정교하게 알 수 있어요. 글을 쓸 때는 처음에는 비교하려는 대상을 모두 써요. 그리고 그 사이에 비슷한 점이나 다른 점을 비교하여 씁니다.

> 예) 사막여우와 북극여우는 **똑같은 여우 종류입니다.** → 같은 점
> **그러나** 사막여우는 몸집이 작고 털이 얇으며 귀가 큽니다.
> 북극여우는 몸집이 크고 털이 두꺼우며 귀가 작습니다. → 다른 점

⭐ 장수풍뎅이와 사슴벌레의 같은 점과 다른 점을 적어 봅시다.

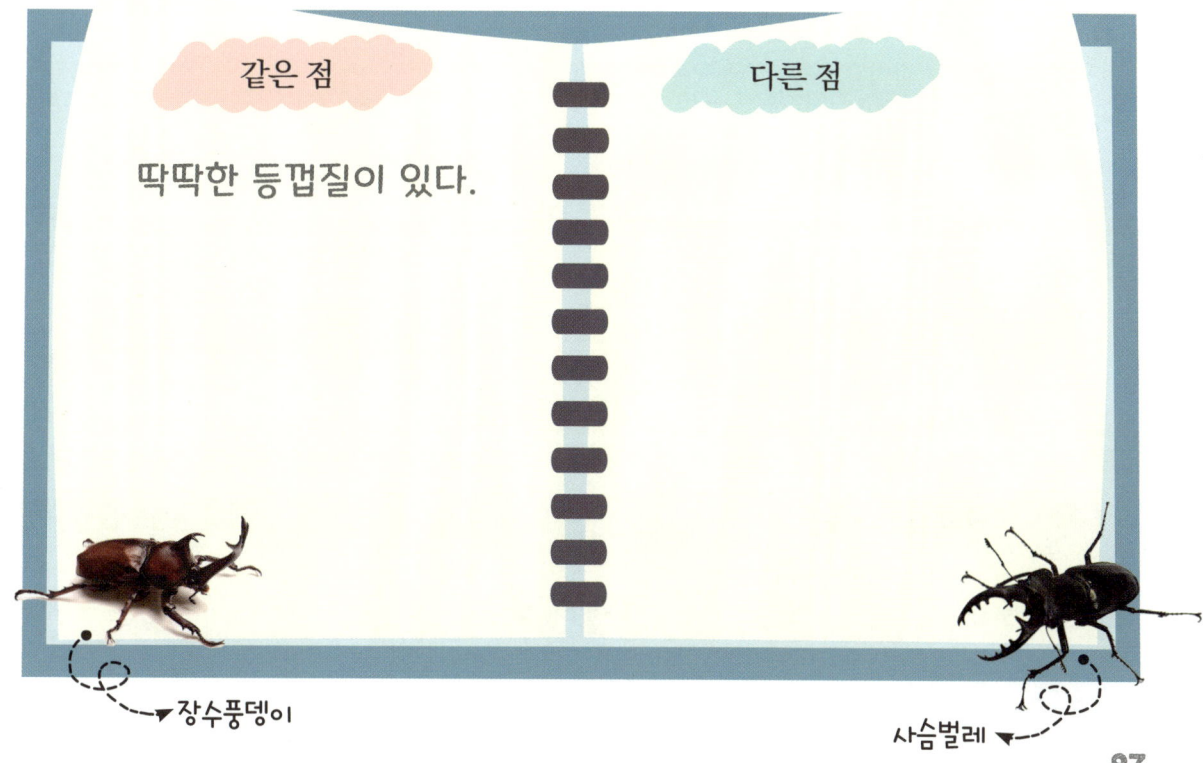

같은 점: 딱딱한 등껍질이 있다.

다른 점:

장수풍뎅이 / 사슴벌레

한 줄 글쓰기

⭐ 두 대상의 같은 점과 다른 점을 보기에서 찾아 적어 봅시다.

⭐ 위에서 이은 내용을 문장으로 써 봅시다.

① 저울과 자는 _____ 예요.

　저울은 _____ 이고, 자는 _____ 예요.

② 의성어와 의태어는 모두 _____ 예요.

　의성어는 _____ 이고, 의태어는 _____ 예요.

③ 말이나 글은 모두 _____ 예요. 다른 점이라면

　말은 _____ 것이고, 글은 _____ 는 거예요.

세 줄 글쓰기

도움말을 참고하여, 다음 글에 이어질 내용을 완성해 봅시다.

거미와 개미

우리 주위에는 비슷한 듯 다른 것이 많이 있어요. 산호와 물풀은 모두 똑같이 물에 살지만, 그 종류는 달라요. 산호는 플랑크톤이나 다른 생물의 알을 잡아 먹고 사는 동물이지만, 물풀은 땅에서 영양분을 얻는 식물이에요. 또 꿀벌과 말벌은 같은 벌이지만 다른 점이 있어요. 꿀벌은 꽃의 꿀을 모아 먹이로 삼는 익충이지만, 말벌은 다른 벌을 잡아먹고 사는 해충이에요.

개미와 거미도 모두 곤충처럼 보이지요 . 하지만 다른 점이 있어요.

개미는   . 또 몸이   이고,

발이   . 그러나 거미는   .

그리고 몸은   ,   .

도움말   땅   기어다니다   거미줄   공중   머리, 가슴, 배   세 쌍   머리가슴과 배   네 쌍

DAY 19 전체를 나누어 쓰기

⭐ 큰 덩어리를 작게 나누어 설명하면 글의 내용을 더 자세히 전할 수 있어요. 위 그림을 보고 문장을 완성해 봅시다.

① 개미는 각자 맡은 일에 따라 종류가 나뉘어 있어요. 　먼저　, 개미들의 우두머리인 여왕개미가 있어요. 　　　　　 여왕개미의 짝꿍인 수개미가 있어요.

② 　　　　　 개미 왕국을 지키는 병정개미가 있고,

③ 　　　　　 개미 왕국의 먹이를 책임지는 일개미가 있어요.

> 보기   먼저   　　그리고 / 또   　　마지막으로

날짜   월   일   요일

어떤 주제를 설명할 때 전체를 부분으로 나누어 설명하면, 더 자세한 글이 되지요. 큰 것에서 작은 부분으로 나누어 말이에요. '먼저', '그리고', '마지막으로' 등으로 각 부분을 표시해요. 또는 '첫째', '둘째', '셋째' 등으로 순서를 표시하여 부분을 나누기도 해요.

예) 식물의 몸은 뿌리, 줄기, 잎으로 이루어져 있어요. → 전체
먼저, 뿌리는 몸을 지탱하고 땅속 영양분을 끌어당깁니다. **그리고**, 줄기는
잎과 꽃을 열리게 합니다. **마지막으로**, 잎은 햇볕을 받아 영양분을 만들지요. → 부분

지도는 여러 가지 기호와 색으로 지리를 표현해요. → 전체
방위표는 건물의 위치를 알려주고, **다양한 기호**는 건물의 종류를 알려줍니다.
또 **노랑고 파란 색깔**로는 땅의 높이나 바다의 깊이를 알려줍니다. → 부분

★ 다음 주제를 이루는 부분을 적어 봅시다.

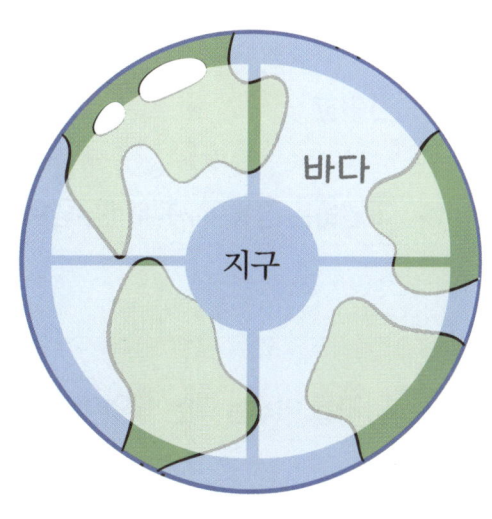

⭐ 한 줄 글쓰기

⭐ 주제와 그 주제를 작게 나눈 부분을 줄로 이어 봅시다.

⭐ 위에서 이은 내용을 문장으로 써 봅시다.

❶ 시계에는 침이 세 개 있어요.　　　　　　　과　　　　　　　　，

　 그리고　　　　　　　　이 있어요.

❷ 고인돌은 청동기 시대의 무덤이에요. 고인돌은　　　　　　　　과

　 로 이루어져 있어요.

❸ 나라를 이루는 데는 무엇이 필요할까요?　　　　　　　과　　　　　　　，

　 이라는 세 가지가 필요해요.

세 줄 글쓰기

🍀 도움말을 참고하여, 다음 글에 이어질 내용을 완성해 봅시다.

 넘어지거나 날카로운 곳에 베였을 때 빨간 피가 났던 경험이 있을 거예요. 왠지 피가 나서 아픈 것 같아서 피가 무섭게 느껴지기도 하지요. 하지만 피는 우리 몸에 꼭 필요한 존재예요. 피가 없다면 우리 몸은 산소가 없어서 움직일 수 없게 되거나, 병균을 없애지 못해 온몸이 아프거나, 피가 멎지 않을 거예요. 이러한 역할을 피 속에 있는 삼총사가 나누어 맡고 있어요.

피 속에는 적혈구, 백혈구, 혈소판 이 있으며, 각기 다른 역할을 하지요.

먼저 적혈구는 역할을 합니다.

그리고 백혈구는 .

마지막으로 혈소판은 .

> 도움말 산소 실어나르다 몸속 병균 없애다 지켜 주다 피 멎다

상상하여 쓰기

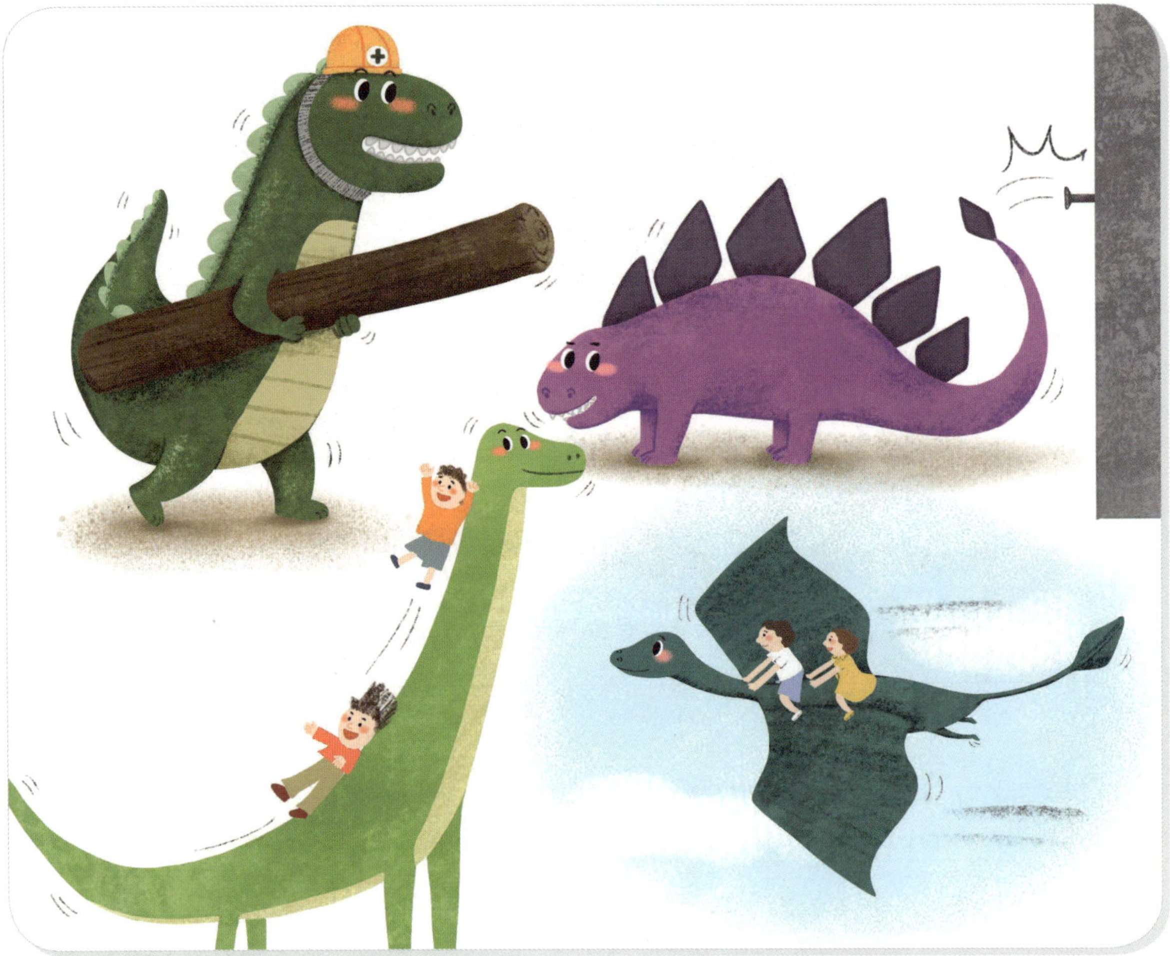

⭐ 일어나지 않은 일을 상상하여 글을 쓸 때가 있어요. 머릿속에 그려진 모습을 글로써 나타내는 것이지요. 위 그림을 보고 문장을 완성해 봅시다.

① 　만약　 공룡이 되살아난다면 어떨까요?

② 　　　　 덩치 큰 공룡이 큰 짐을 옮겨 줄지도 몰라요.

③ 공룡의 긴 목에서 미끄럼을 타거나 　　　　　 익룡을 타고 하늘을 날 수도 있을 거예요.

> 보기 　만약　 　아마　 　어쩌면

일어나지 않은 일을 상상하여 글을 쓰면 자기의 의견을 전달하기 쉬워요. 또 엉뚱한 이야기로 재미를 줄 수도 있어요. 앞에는 상상하거나 가정한 내용을 쓰고, 그로 인해 벌어질 일을 뒤에 덧붙이면 돼요. '만약', '~한다면' 등의 말을 넣어서 문장을 이으면 돼요.

예) **만약** 이 세상에서 벌이 사라진**다면**, 식물은 열매를 맺지 못할 것입니다.
　　　　　　▶ 상상한 내용

만약 음식이 하늘에서 내린**다면**, 나는 매일 피자를 먹을 거야.
　　　　　▶ 상상한 내용

⭐ **다음 주제에 대해 상상한 내용을 자유롭게 적어 봅시다.**

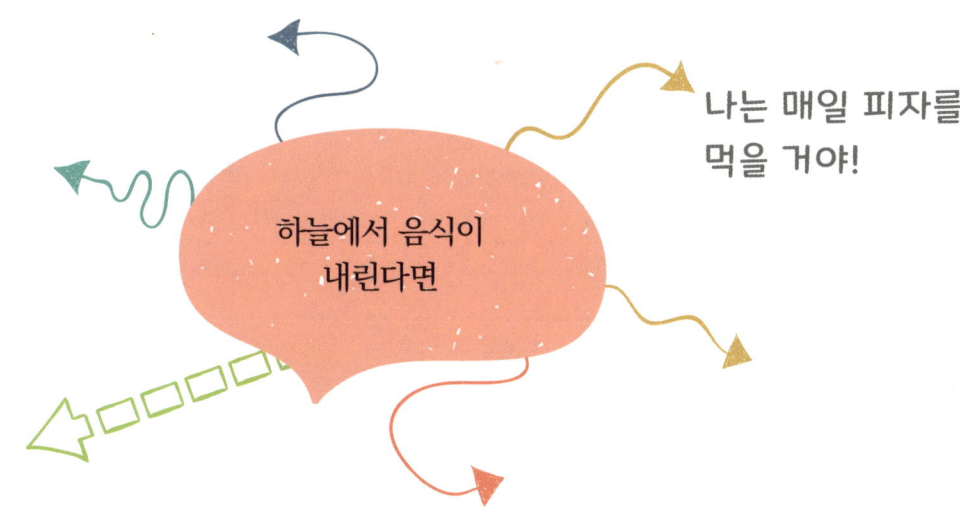

한 줄 글쓰기

⭐ 상상한 것과 그에 대한 결과를 줄로 이어 봅시다.

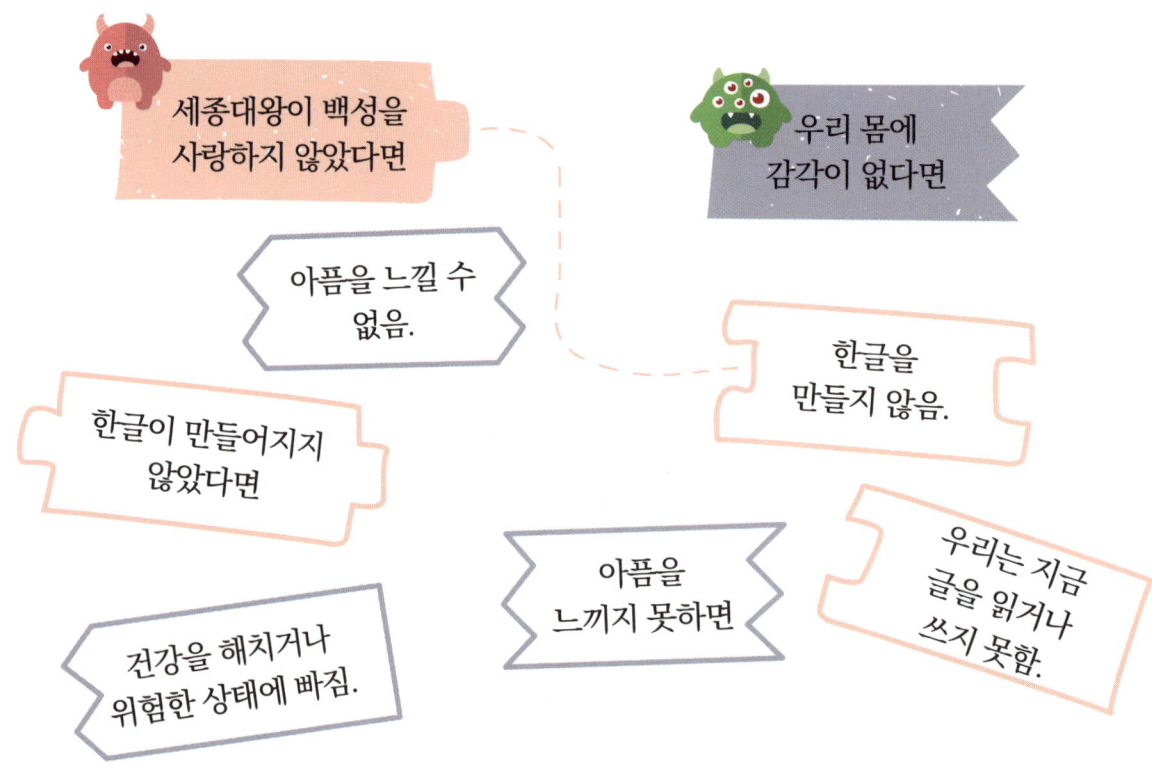

⭐ 위에서 이은 내용을 문장으로 써 봅시다.

① 만약 세종대왕이 백성들을 사랑하지 않았다면, 백성이 쉽게 배우고 익힐 수 있는

거예요. 한글이 만들어지지 않았다면,

우리는 지금 　　　　　　　　　　　　　　　거예요.

② 우리에게 감각이 없다면, 　　　　　　　　　　　　　　　거예요.

아픔을 느끼지 못하면 우리는 몸이 아파도 그걸 알 수 없어서,

거예요.

세 줄 글쓰기

도움말을 참고하여, 다음 글에 이어질 내용을 완성해 봅시다.

자연을 보호하지 않으면

　자연을 보호하는 것은 아주 중요하지요. 우리는 자연 속에 살고 있기 때문에 자연을 보호하지 않으면 우리의 삶도 불편해지기 때문이에요. 우리는 종종 오염된 환경 때문에 곤란한 일을 겪어요.

　배기가스 때문에 오존층이 파괴되어 지구의 온도는 점점 올라가고 있어요. 이 때문에 남극과 북극의 빙하는 더 빨리 녹고 있어요. 이 때문에 해수면이 올라가서 투발루라는 섬나라는 나라가 없어질지도 모르는 지경에 이르렀어요.

이처럼 자연을 보호하지 않는다면　공기나 물은 점점 더러워질 거예요　.

공기가 탁해지면 우리는 　　　　　　　　　　　　　　　　　.

물이 더러워지면 우리는 　　　　　　　　　　　　　　　　　.

도움말　　마스크　쓰다　물을 마시다　더러운 물　병에 걸리다

재미 잼 ④ 가로 세로 낱말 퀴즈

🌈 도움말을 보고 빈칸을 채워 퍼즐을 완성해 봅시다.

가로 도움말

① 물체의 뒤에 드리우는 검은 그늘을 말해요.
③ 도깨비들이 요술을 부릴 때 쓰는 둥글고 긴 물건이에요. 이것을 휘두르면 소원이 이루어진대요.
⑤ 물을 긷기 위해 땅속 깊이 판 시설이에요. 두레박을 내려 물을 긷지요.
⑦ 떡을 찔 때 쓰는 둥근 그릇이에요. 호랑이와 두꺼비가 '○○○ 잡기' 내기를 했어요.
⑨ 어둠 속에서도 빛을 내는 동그란 물건이에요.
⑪ 얼굴에 큰 혹이 붙어 있는 할아버지예요. 혹을 노래 주머니라고 속여서 도깨비에게 혹을 팔았어요.

세로 도움말

② 아주 인색한 사람을 이르는 말이에요. 천장에 매단 생선을 쳐다보는 것으로 반찬을 삼았어요.
④ 배에서 나는 고약한 냄새의 기체예요. 옛이야기에서 새색시가 이것을 참아 병에 걸렸어요.
⑥ 아무도 모르게 좋은 일을 하는 사람을 이르는 말이에요. 옛날 어느 가난한 총각이 이것을 가져왔는데, 이것이 사람으로 변해서 집안 살림을 몰래 해 주었지요.
⑧ 곡식을 빻거나 떡을 칠 때 사용하는 도구예요. 달나라에서는 토끼가 이것을 찧고 있다고 해요.
⑩ 대쪽 등을 엮어 만든 그릇이에요. 옛날에는 여기에 떡을 담아 팔러 다녔어요.
⑫ 손에 쥐고 바람을 일으키는 물건이에요. '빨간 ○○, 파란 ○○' 이야기가 있어요.
⑬ 옛날 사람들이 머리에 쓰던 모자 같은 것이에요. '도깨비 ○○' 이야기가 있어요.

5장

이어진 문장 쓰기

긴 글은 짧은 문장을 이어 놓은 것과 같아요. 앞 문장과 뒤 문장의 관계에 따라 알맞은 이음말을 넣어 연결하면 되지요. 여기서는 비슷한 내용이나 반대 내용, 또 순서에 따라 문장을 늘어놓기도 하고, 이유나 결과에 주목하여 문장을 써 보면서 이어진 문장을 쓰는 법을 익혀 봅시다.

DAY 21	비슷한 내용 이어 쓰기
DAY 22	반대되는 내용 이어 쓰기
DAY 23	순서대로 이어 쓰기
DAY 24	이유를 이어 쓰기
DAY 25	결과를 이어 쓰기
재미잼 ⑤	뚝딱뚝딱 이야기 책

비슷한 내용 이어 쓰기

⭐ 앞서 말한 내용과 비슷한 내용을 이어 쓰면 내용을 더 자세히 전할 수 있어요. 위 그림을 보고 문장을 완성해 봅시다.

사육사는 동물들의 집을 깨끗하게 청소합니다.

① [그리고] 동물의 종류와 나이에 따라 알맞은 먹이를 줍니다.

② [　　　　] 동물이 아프면 수의사를 불러와 치료해 주고,

③ [　　　　] 관람객들에게 동물에 대해 설명해 줍니다.

| 보기 | 그리고　　또 |

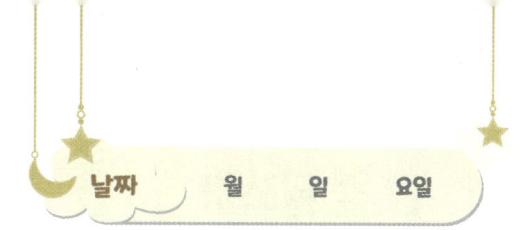

앞서 말한 내용과 비슷한 내용을 더 얘기하고 싶을 때가 있어요. 그때는 '그리고', '또'와 같이 이어 주는 말을 사용하면 비슷한 내용이 이어진다는 것을 나타낼 수 있어요.

예) 나는 아이스크림을 좋아합니다. **또** 매운 김치도 잘 먹습니다.
→ 비슷한 내용

나는 3학년입니다. **그리고** 내 동생은 1학년입니다.
→ 비슷한 내용

두 문장이 아닌 한 문장으로 이어 말할 때는 '~하고'를 사용하면 됩니다.

예) 설날에는 떡국도 먹**고**, 세배도 합니다.

⭐ 비슷한 내용이 이어지도록 자유롭게 써 보세요.

노란 민들레가 피었다. ▶▶▶ 하얀 목련이 피었다.

춤추는 것을 좋아한다. ▶▶▶ 노래 부르는 것을 좋아한다.

한 줄 글쓰기

⭐ 주제와 그것을 풀이한 내용끼리 줄로 이어 봅시다.

⭐ 위에서 이은 내용을 문장으로 써 봅시다.

① 우리가 혀로 느끼는 맛은 정말 다양해요. 설탕에서 느껴지는 단맛,

또 _____ 과 _____ ,

그리고 _____ 이 있어요.

② 우리 주위에 있는 대부분의 물질은 세 가지 상태로 존재해요.

돌 같은 고체 상태와 _____ ,

그리고 _____ 로 존재해요.

세 줄 글쓰기

도움말을 참고하여, 다음 글에 이어질 내용을 완성해 봅시다.

조선시대 최고의 과학자로 불리는 장영실은 신분의 한계를 뛰어 넘고 많은 업적을 남겼지요. 장영실은 원래 노비 신분이었지만, 뛰어난 실력으로 궁에 들어가 실력을 발휘할 수 있었지요. 그는 세종의 뜻을 받들어 과학을 공부하고, 그것을 토대로 실생활에 도움이 되는 수많은 과학 발명품을 만들었어요.

장영실이 만든 발명품은 정말 많아요.

별의 위치를 알려 주는 간의와 　　　　　　　　　　　　　　　　.

그리고 세계 최초로 　　　　　　　　　　　　　　　　　　　　　.

또 막대기의 그림자 위치로 시간을 측정하는 　　　　　　　　　.

도움말: 별의 움직임　혼천의　강우량(비가 내린 양)　측우기　해시계　앙부일구

반대되는 내용 이어 쓰기

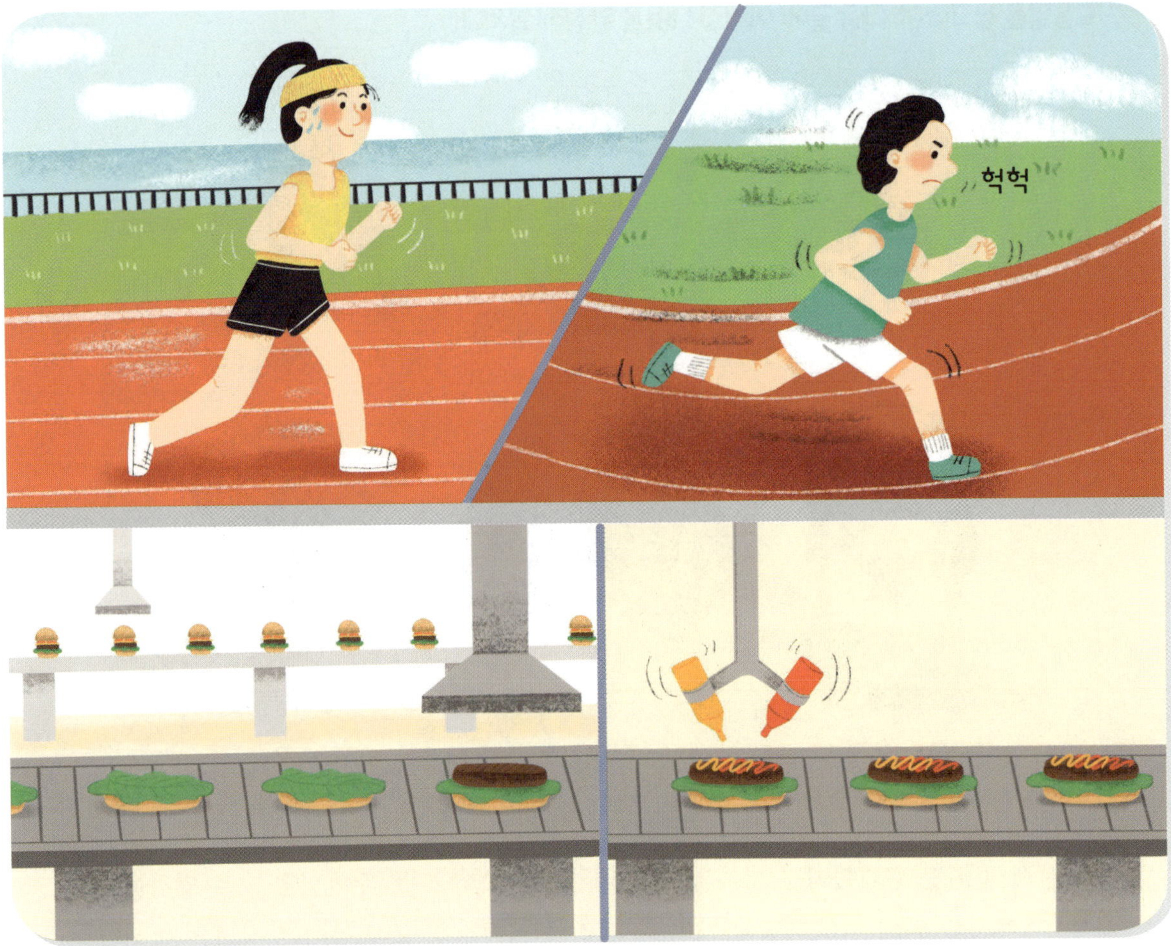

⭐ 앞서 말한 내용과 반대인 내용을 말하면 내용을 균형 있게 전할 수 있어요. 위 그림을 보고 문장을 완성해 봅시다.

❶ 운동을 하면 체력이 좋아져요. 그러나 너무 심하게 하면 건강을 해칠 수 있어요.

❷ 패스트푸드 음식은 빨리 먹을 수 있어 편리해요. _____ 보존제 등이 들어 있어 많이 먹으면 건강에 좋지 않아요.

> 보기   그러나   하지만

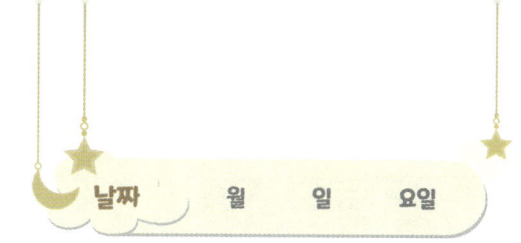

설명이나 의견을 쓸 때 앞서 말한 내용과 반대인 내용을 말하면 내용이 세밀해집니다. 이렇게 앞뒤 내용이 반대되는 문장은 '그러나', '하지만', '그렇지만' 등을 써서 이어줍니다.

> 예) 엄마가 나를 꼭 안아 줄 때 정말 좋아요.
> **하지만** 엄마가 나를 '아기'라고 부르면 싫어요.

짧은 문장의 경우나 주어가 같은 경우에는 두 문장을 한 문장으로 이으면 좋아요. 이때는 '하지만', '그렇지만'을 줄여서 '-지만'을 사용하면 됩니다.

> 예) 에디슨은 실험에서 여러 번 실패했**지만**, 끝까지 포기하지 않았습니다.

⭐ 주어진 상황에 반대되는 내용을 자유롭게 써 보세요.

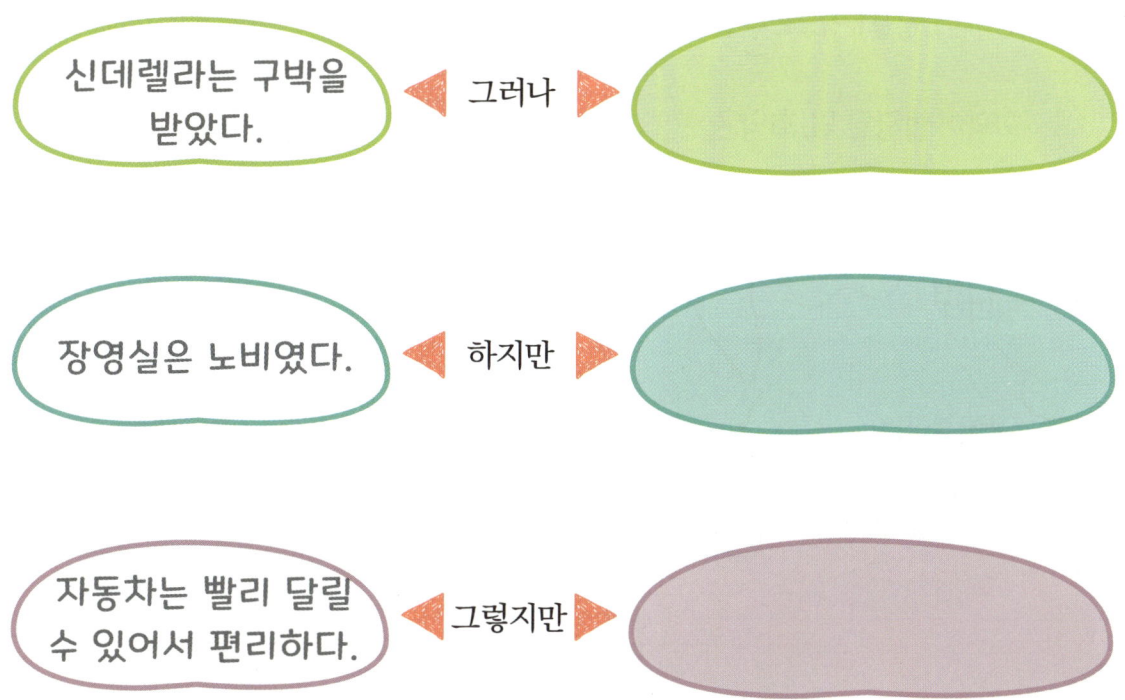

★ 한 줄 글쓰기

⭐ 주제에 대한 두 가지 반대되는 내용을 줄로 이어 봅시다.

화약   헬렌켈러

눈이 보이지 않고 귀가 들리지 않고 말을 하지 못하는 장애가 있었음.

광산을 개발하거나 도로를 놓는데 쓰여 사람들에게 도움을 줌.

총이나 대포로 개발되어 사람들의 목숨을 빼앗는데 사용됨.

어린이나 노인, 장애인에 대한 사람들의 생각을 바꿔 놓기 위해 평생 노력함.

⭐ 위에서 이은 내용을 문장으로 써 봅시다.

❶ 화약이 발명된 뒤, 화약은   ,

                                                              .

그러나   .

❷ 헬렌켈러는   .

하지만 헬렌켈러는 장애를 이겨내고

                                                              .

세 줄 글쓰기

🌼 도움말을 참고하여, 다음 글에 이어질 내용을 완성해 봅시다.

　욕심을 부리면 좋은 일이 생기지 않을 뿐더러 나쁜 일까지 생겨요. 흥부와 놀부 이야기를 들어 보세요.

　흥부와 놀부는 한집에서 나고 자란 형제지만 둘의 성격은 너무도 달랐어요. 흥부는 부지런하고 마음씨가 착해서 가난한 살림에도 이웃을 도왔어요. 하지만 놀부는 매일 게으름을 피우고, 욕심을 부렸지요.

흥부는 다친 제비를 발견하자 　얼른 제비 다리를 고쳐서 다시 날려 보내주었어요 .

그러나 놀부는 　　　　　　　　　　　　　　　　　　　　　　　　　　　.

그래서 흥부는 　　　　　　　　　　　　　　　　　　　　　　　　　　　.

하지만 놀부는 　　　　　　　　　　　　　　　　　　　　　　　　　　　.

도움말　　일부러　　제비　　부러뜨리다　　보물　　박씨　　부자　　도깨비　　혼쭐

DAY 23

순서대로 이어 쓰기

정답 영상

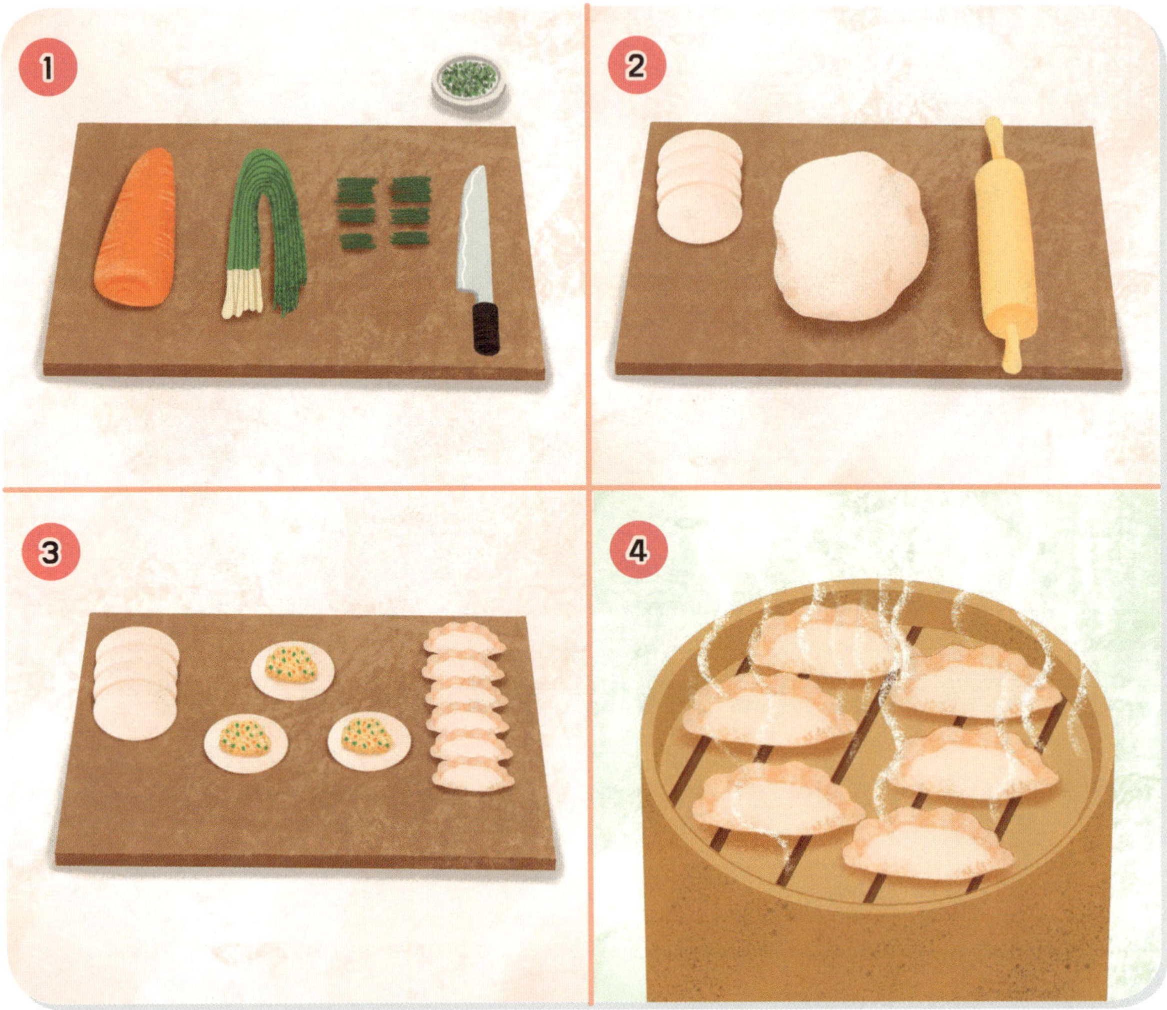

어떤 일이 차례대로 일어날 때는 그 순서에 따라 글을 씁니다. 위 그림을 보고 문장을 완성해 봅시다.

1. 만두를 만들 때는 먼저 소로 쓰일 재료를 다집니다.
2. (　　　　) 밀가루 반죽을 밀대로 밀어 얇은 피를 만듭니다.
3. (　　　　) 피에 소를 넣어 만두를 빚습니다.

보기 먼저 그러고 나서 마지막에는

어떤 현상이나 행동 등을 순서대로 쓰면 과정을 쉽게 알 수 있어요. 이때는 '먼저', '그 다음은', '그리고 나서', '마지막으로' 등의 말로 각 문장을 연결하면 됩니다.

> 예) 하늘에 먹구름이 드리웠습니다. **그 다음에** 번개가 번쩍 쳤다. **그리고 나서** 우르릉 하고 천둥이 쳤습니다. **마지막에는** 굵은 장대비가 내렸습니다.

일의 방법을 말할 때도 이와 같은 순서대로 써 내려갈 수 있어요. 어떤 것을 만드는 방법이나 요리하는 법을 설명할 때 자주 쓰지요. 마지막에 주의할 점이나 특이사항을 덧붙이면 더욱 자세한 문장이 됩니다.

> 예) 종이로 공룡을 접을 때는 먼저 종이를 마름모 모양이 되도록 놓습니다. 그 다음에 양 끝 모서리를 접어 접이선을 만듭니다. **이때, 선이 비뚤어지지 않게 균형을 맞추는 것이 중요합니다.** → 주의할 점

⭐ 아침에 일어나서 하는 행동을 차례대로 적어 봅시다.

순서 1 — 잠옷을 갈아입는다.
순서 2
순서 3
순서 4
순서 5
순서 6

⭐ 한 줄 글쓰기

⭐ 주제와 그에 따른 내용을 순서대로 이어 봅시다.

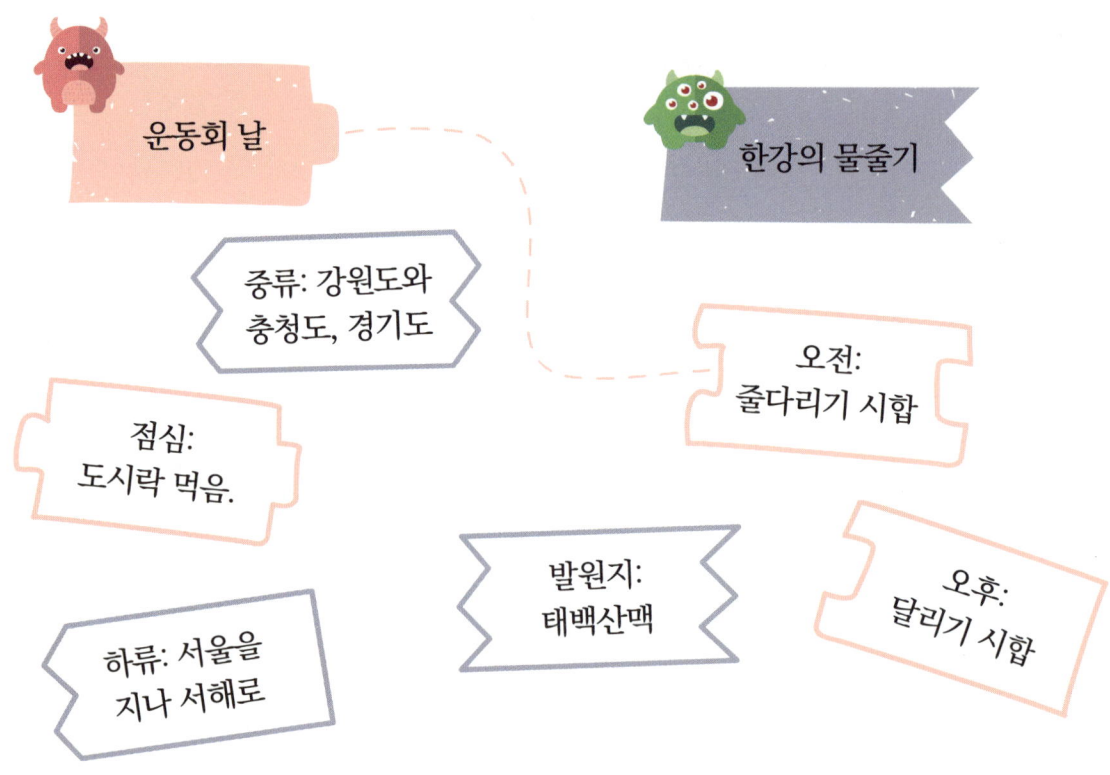

⭐ 위에서 이은 내용을 문장으로 써 봅시다.

❶ 오늘은 운동회 날이었습니다. 오전에는 _____ 했어요.

점심에는 _____ .

오후에는 _____ 했어요.

❷ 한강은 우리나라 동쪽에서 시작해 서쪽으로 흐르는 긴 강이에요.

처음에는 _____ 시작해요. 그리고 _____ 를

차례로 지난 뒤, 서울로 흘러들어요. 마지막으로 _____ 흘러가요.

세 줄 글쓰기

🌸 도움말을 참고하여, 다음 글에 이어질 내용을 완성해 봅시다.

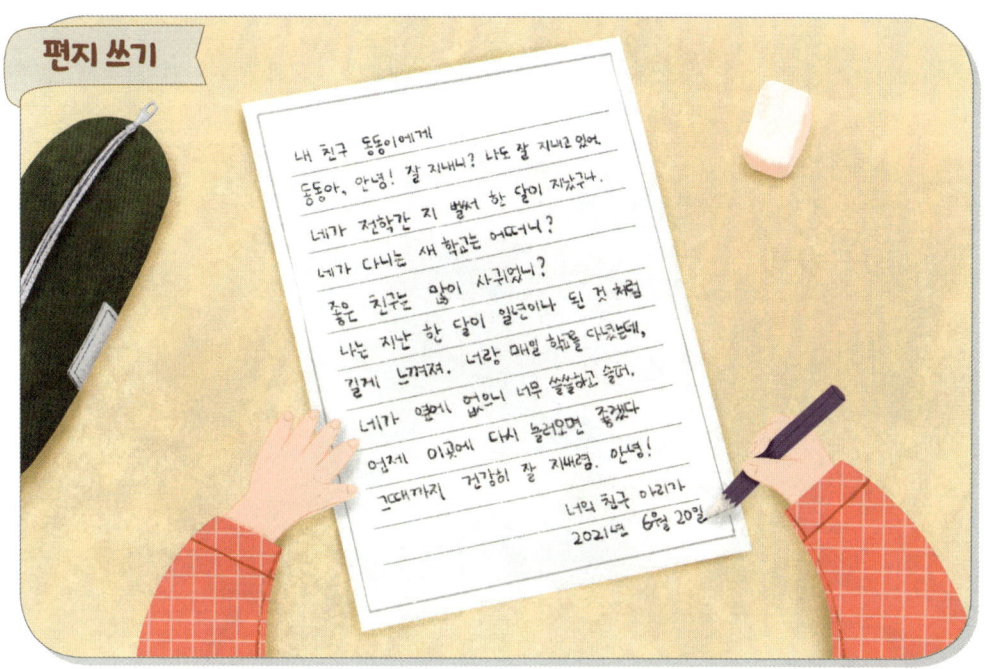

여러분은 편지를 자주 쓰나요? 옛날에는 종이도 귀하고 편지를 전달하는 데 시간이 많이 걸렸기 때문에 주로 짧은 글을 적어 보냈어요. 하지만 종이가 발명되고 쉬운 글이 널리 쓰이면서 사람들은 길게 편지를 쓸 수 있게 되었어요. 여러분도 잘 알고 있듯이 편지는 소식과 마음을 전하는 소중한 것으로, 편지를 쓸 때도 일정한 양식에 맞춰 써야 해요.

편지를 쓸 때는 맨 위에 　편지를 받는 사람의 이름을 적고 안부를 묻습니다　.

중간에는 　　　　　　　　　　　　　　　　　　　　　　　　　　.

그리고 　　　　　　　　　　　　　　　　　　　　　　　　　　　.

마지막에는 　　　　　　　　　　　　　　　　　　　　　　　　　.

> **도움말**　편지를 쓴 이유　전하고 싶은 말　작별 인사　편지를 쓴 날짜　보내는 사람의 이름

123

이유를 이어 쓰기

⭐ 어떤 것이 왜 그런지, 어떤 일이 왜 일어났는지 설명할 때는 <u>이유를 밝혀 써요</u>. 이유를 덧붙이면 내용이 더 자세하고 분명해져요. 위 그림을 보고 문장을 완성해 봅시다.

❶ 산호는 동물이에요. **왜냐하면** 산호는 몸에 작은 촉수가 있어서 작은 생물인 플랑크톤이나 다른 생물의 알을 잡아먹고 살기 _____ .

❷ 거미는 곤충처럼 보이지만 곤충이 아니에요. _____ 몸이 머리가슴과 배 두 부분으로 나뉘어 있기 _____ .

보기 왜냐하면   때문이에요

어떤 일이 일어난 이유를 덧붙여 쓰면 글이 더욱 상세하고 정확해져요. 먼저 어떤 일이 일어났는지 쓰고, 그 다음에 이유를 쓰면 돼요. 이유를 쓸 때는 '왜냐하면', '~때문이다'라는 표현을 사용하면 좋아요.

> 예) 나는 장수풍뎅이가 좋습니다. **왜냐하면** 긴 뿔이 멋있기 **때문입니다**.
>
> 충치가 생겼어요. **왜냐하면** 단것을 먹고 이를 잘 닦지 않았기 **때문이에요**.

간단하게 한 문장으로 묶어서 쓸 때는 '~기 때문에', '~여서' 등의 낱말을 써서, 이유를 먼저 쓰고, 일어난 일을 쓰면 됩니다.

> 예) 음악 소리가 너무 컸기 **때문에**, 아이가 잠에서 깼습니다.

⭐ 다음 주제에 답을 하고, 그 이유를 자유롭게 적어 봅시다.

★ 한 줄 글쓰기

⭐ 주제에 대한 이유를 줄로 이어 봅시다.

⭐ 위에서 이은 내용을 문장으로 써 봅시다.

❶ 어떤 동물은 날이 추워지면 겨울잠을 자며 겨울을 나지요. 왜냐하면 추운 겨울에는
_____
_____ , _____ 때문이에요.

❷ 무당벌레는 농부들의 친구예요. 왜냐하면 무당벌레는
_____
_____ , 식물을 잘 자라게 해주기 때문이에요.

❸ 지렁이는 땅의 수호자라고 불려요. 왜냐하면 지렁이는
_____
_____ , 땅을 기름지게 해주기 때문이에요.

세 줄 글쓰기

도움말을 참고하여, 다음 글에 이어질 내용을 완성해 봅시다.

여러분은 잠을 자지 않은 적이 있나요? 잠을 자지 않은 날은 아마 몸이 매우 피곤하고, 쉽게 짜증이 나는 등 기분이 좋지 않았을 거예요. 이처럼 잠은 우리 생활에서 꼭 필요한 것이에요. 하루에 6~8시간 정도 푹 잠을 자야 하지요. 그렇다면 충분히 잠을 자지 않으면 어떻게 될까요? 잠이 부족하면 생활과 건강에 나쁜 영향을 주게 되지요.

충분히 잠을 자지 않으면 왜 생활과 건강에 나쁜 영향을 줄까요?

왜냐하면 　피곤해서 일상생활을 알차게 보낼 수 없기　 때문이에요.

또 _____ 때문이에요.

그리고 _____ 때문이지요.

> **도움말**　　마음　　불안해지다　　집중하다　　면역력　　병에 걸리다

127

결과를 이어 쓰기

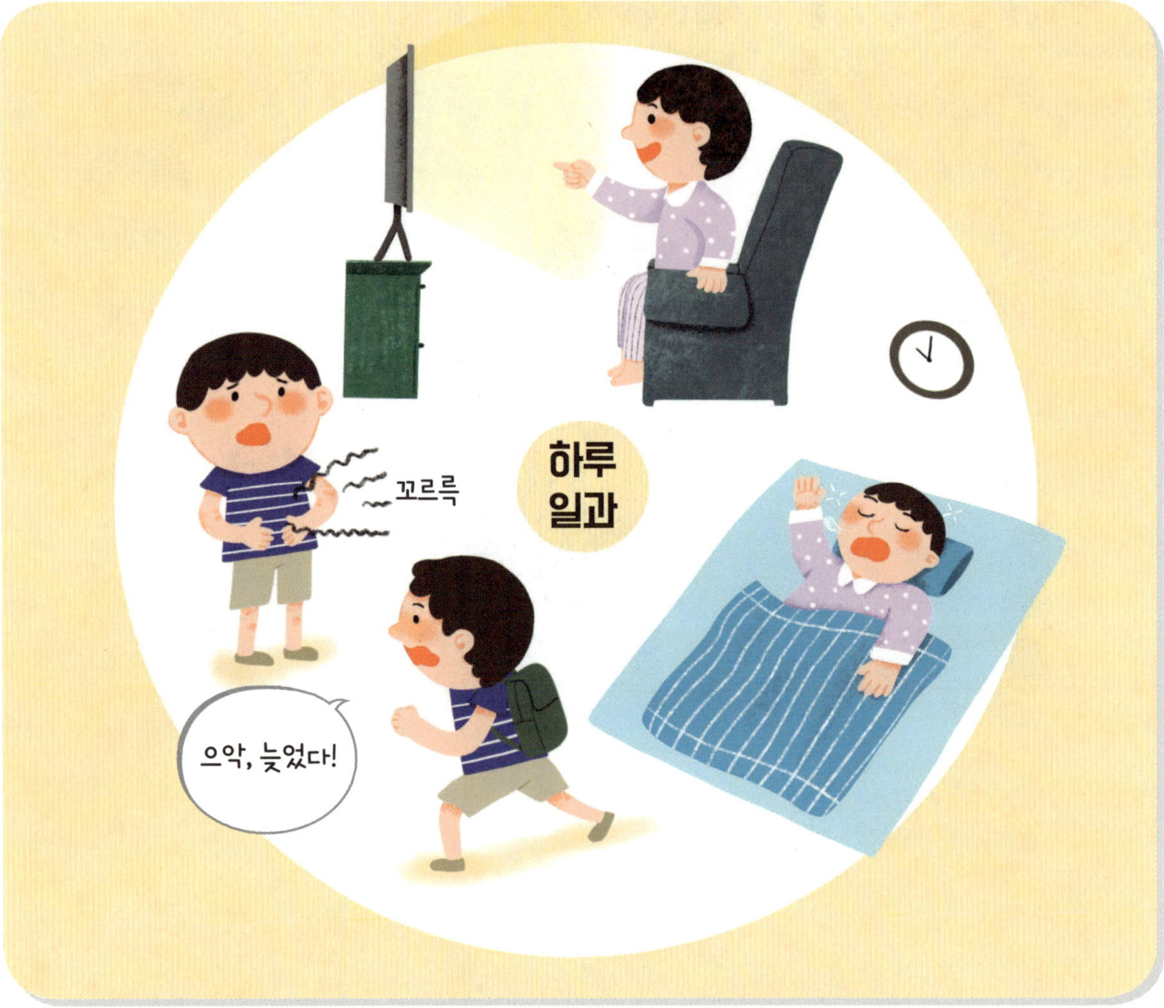

어떤 일 다음에 그 일로 인해 일어난 결과를 이어서 쓰면 내용이 분명해져요. 위 그림을 보고 문장을 완성해 봅시다.

① 민호는 밤늦게까지 텔레비전을 보았어요.   그래서   다음날 늦잠을 잤어요.

② 민호는 늦잠을 잤어요.   ☐☐☐   아침밥을 먹지 못하고 학교에 갔어요.

③ 민호는 아침밥을 못 먹었어요.   ☐☐☐   오전 내내 무척 배가 고팠어요.

> 보기   그래서   그랬더니

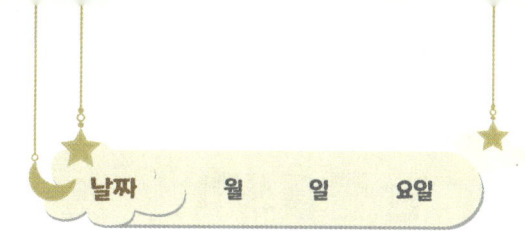

어떤 일을 얘기하고, 그 다음에 그 일 때문에 벌어진 결과를 이어서 쓰면 상황의 변화를 정확하게 알 수 있어요. '그래서', '그랬더니' 등의 말을 넣어 결과를 표현할 수 있어요.

> 예) 날씨가 너무 더웠습니다. **그랬더니** 손에 들고 있던 아이스크림이 모두 녹아 버렸습니다.
> 지갑을 잃어버렸다. **그래서** 물건을 살 수 없었습니다.

간단하게 한 문장으로 묶어서 표현할 수도 있어요. '~해서', '~했더니' 등으로 두 문장을 이어 주세요.

> 예) 눈이 너무 많이 **와서**, 눈사태가 일어났다.

⭐ 다음 주제의 결과를 생각해서 적어 봅시다.

밤 늦게 잤더니	≫	결과 1	아침에 늦게 일어났다.
		결과 2	
		결과 3	

매일 운동을 했더니	≫	결과 1	
		결과 2	
		결과 3	

★ 한 줄 글쓰기

⭐ 앞선 내용에 따른 결과를 줄로 이어 봅시다.

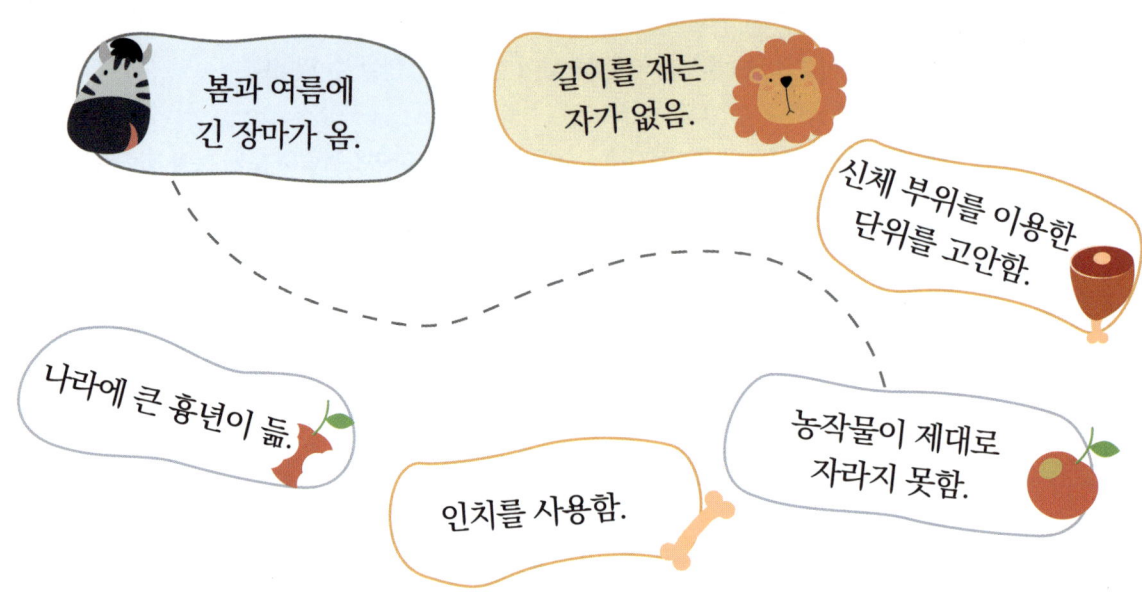

*인치: 손가락 마디를 기준으로 만들어진 길이 단위.

⭐ 위에서 이은 내용을 문장으로 써 봅시다.

❶ 봄과 여름에 긴 장마가 계속됐어요.

그래서 농작물이   .

결국   .

❷ 옛날에는 길이를 잴 수 있는 자가 없었어요.

그래서 사람들은   .

그래서 손가락 마디를 기준으로 한   .

세 줄 글쓰기

도움말을 참고하여, 다음 글에 이어질 내용을 완성해 봅시다.

화석 연료는 우리에게

석탄이나 석유같은 화석연료는 폭발적인 에너지를 내기 때문에 기계를 움직이게 하거나 자동차의 연료로 쓰이지요. 공장에서 상품을 만들고, 자동차로 빠르게 배달하게 되었으니 화석연료는 산업이 발달하는데 큰 역할을 한 셈이에요. 하지만 화석연료는 그것에서 에너지를 만들어내는 과정에서나 에너지를 사용하고 난 뒤 많은 오염 물질을 쏟아내요.

화석연료를 기반으로 한 경제 발전으로 우리의 삶은 편리해졌지만, 많은 대가를 치루게 되었어요.

화석연료를 많이 사용하자 공해는 날로 심해졌어요.

공해가 심해지자 _____.

그랬더니 _____.

그래서 결국 _____.

도움말 온실가스   지구의 온도   극지방의 빙하   북극곰   살 곳을 잃다

재미 잼 ⑤ 뚝딱뚝딱 이야기 책

🌈 다음 이야기는 <호랑이와 곶감>이에요. 그림을 보고 내용을 이야기 나눈 뒤, 책으로 만들어 봅시다.
(자료는 책 끝에 있어요.)

깊은 산속에 호랑이가 살고 있었어요. 겨울이 되자 호랑이는 먹이를 구하러 마을까지 어슬렁어슬렁 내려왔어요.

어느 집 앞을 지나는데, 집에서 아기 울음소리가 들렸어요. 그러자 아기 엄마가 작은 목소리로 말했어요. "쉿, 밖에 무서운 호랑이가 왔네. 뚝!" 호랑이는 깜짝 놀랐지요. '아니, 내가 온 걸 어찌 알았지?' 하지만 아기는 더 큰 소리로 울었어요.

이야기 책은 이렇게 만드세요 (자료는 책 끝에 있어요.)

절반을 접고, 가운데 실선 부분을 가위로 자르세요. 그리고 점선을 따라 접으세요. 안쪽을 풀로 붙이면 완성이에요.

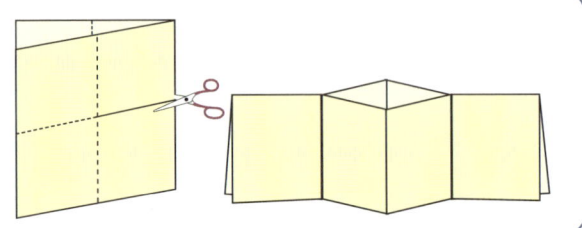

부록

부록 1	도움 답안
부록 2	자주 쓰는 의성어, 의태어
부록 3	즐거운 일기 쓰기
부록 4	뚝딱, 독서카드 쓰기
부록 5	읽기 쉽게 띄어쓰기
자료	이야기 책 도안

부록 1 도움 답안

DAY 01 · 16쪽

문장 익히기
1. ① 날씨가
   ② 우진이와 우혁이는
   ③ 선생님이
2. ① 우리는, 민수는, 동생은
   ② 하늘이, 바다가, 산이

한 줄 글쓰기
1. ① 무궁화는 - 우리나라 꽃입니다.
   ② 나뭇잎이 - 떨어집니다.
   ③ 김치가 - 맵습니다.
2. ① 우진이는, 책은, 강아지 토토는
   ② 사슴이, 토끼가, 도둑이
   ③ 책 읽기는, 그 영화는, 술래잡기는

세 줄 글쓰기
먼저 기름 장수가 호랑이 배에 불을 질렀어요. 그리고 소금 장수는 곧장 불을 지른 곳에 소금을 뿌렸어요. 그러자 호랑이는 펄쩍펄쩍 뛰다가 기름 장수와 소금 장수를 뱉어냈어요. 마침내 두 친구는 호랑이 배 속에서 무사히 빠져나올 수 있었어요.

DAY 02 · 20쪽

문장 익히기
1. ① 시끌벅적해요
   ② 빨라요
   ③ 속상해요
2. ① 달콤하다, 동그랗다, 크다
   ② 작다, 밝다, 깨끗하다

한 줄 글쓰기
1. ① 공놀이가 - 정말 재미있습니다.
   ② 연필이 - 아주 뾰족합니다.
   ③ 은행잎이 - 샛노랗습니다.
2. ① 맵다, 빨갛다
   ② 작다, 부지런하다
   ③ 넓다, 깊다, 파랗다

세 줄 글쓰기
며느리의 얼굴이 발그레해졌어요. "사실은 제 방귀 소리가 정말 커요." "괜찮으니, 어서 방귀를 꿔렴." 시아버지의 말에 며느리는 배나무 아래서 방귀를 꿨어요. 그러자 배나무가 심하게 흔들리더니, 커다란 배가 후두둑 떨어졌어요. 시아버지는 깜짝 놀라며 말했어요. "너의 재주가 참 대단하구나!" 시아버지는 며느리가 매우 자랑스러웠어요.

DAY 03 · 24쪽

문장 익히기
1. ① 지휘자예요
   ② 쳐요
   ③ 불어요
2. ① 목욕한다, 먹는다, 잔다
   ② 학생이다, 가수이다, 둘째이다

한 줄 글쓰기
1. ① 무궁화꽃이 - 피었습니다.
   ② 내 꿈은 - 과학자입니다.
   ③ 별이 - 반짝입니다.
2. ① 잔다, 앉아 있다
   ② 핀다, 진다
   ③ 태권도이다, 달리기이다, 게임하기이다

세 줄 글쓰기
동물들은 놀러온 동물 친구들을 반갑게 맞이했어요. 그리고 잔치를 벌였어요. 호랑이와 토끼는 신나게 춤을 추었고, 여우는 바이올린을 켰어요. 그리고 원숭이는 까불거리며 재롱을 부렸어요. 저녁이 될 때까지 동물 친구들은 신나게 놀았어요.

DAY 04 · 28쪽

문장 익히기
1 ① 줄을
　② 스파게티를
　③ 딸기를
2 ① 일기를, 편지를, 소설을
　② 친구를, 엄마를, 선생님을

한 줄 글쓰기
1 ① 세 친구는 – 함께 여행을 – 떠났습니다.
　② 윤서는 그만 – 컵을 – 떨어뜨렸습니다.
　③ 가수 요호는 – 노래를 – 아주 잘 부릅니다.
2 ① 종이비행기를, 맛있는 빵을, 장난감 집을
　② 엄마를, 선생님을, 몸이 불편한 할머니를
　③ 논길을, 고속도로를

세 줄 글쓰기
노인은 소가 된 총각을 농부에게 팔았어요. 소가 된 게으름뱅이 총각은 한시도 쉬지 못하고 일을 했어요. 논밭을 갈고, 무거운 짐을 날랐어요. 총각은 눈물을 흘리며 지난날을 후회했어요. 그러자 총각은 다시 사람의 모습을 되찾게 되었어요.

DAY 05 · 32쪽

문장 익히기
1 ① 책 탐험가가
　② 진짜 공룡이
　③ 공룡의 친구가
2 ① 초등학생이, 과학자가, 어른이
　② 선생님이, 도둑이, 우리 삼촌이

한 줄 글쓰기
1 ① 저 선물은 – 네 것이 – 아니야.
　② 애벌레는 – 나비가 – 되었어요.
　③ 민수는 커서 – 스타가 – 될 거예요.
2 ① 물방울이, 안개가, 구름이
　② 과학자가, 운동선수가, 피아니스트가
　③ 공이, 수박이, 장난감이

세 줄 글쓰기
볍씨 한 톨이 참새가 된 거예요. 참새를 주고 바꿔 온 병아리는 오래지 않아 암탉이 되었어요. 며느리는 시장에 가서 암탉을 새끼 돼지로 바꿔 왔어요. 새끼 돼지는 무럭무럭 자라 어미 돼지가 되었어요. 셋째 며느리의 지혜로 마침내 볍씨 한 톨은 넓은 논밭이 되었어요.

DAY 06 · 40쪽

문장 익히기
1 ① 아빠와
　② 바다만큼
　③ 병아리보다
2 ① 딸기(와), 밤톨(과)
　② 여기에서, 우리집에서

한 줄 글쓰기
1 ① 바다가 – 하늘만큼 – 넓어요.
　② 나는 – 삼촌과 – 닮았어요.
　③ 사과가 – 수박보다 – 달아요.
2 ① 솜사탕과, 양떼와, 비누 거품과
　② 자두보다, 주먹보다
　③ 엄마와, 언니와

세 줄 글쓰기
"그 대신 너는 나이팅게일보다 아름답잖니? 너의 깃털은 누구보다도 화려하단다. 독수리는 누구보다도 힘이 세고, 학은 누구보다도 지혜롭지. 또 수탉은 누구보다도 부지런하지." 공작새는 자기와 다른 동물들에게 각자 좋은 점이 있다는 걸 알게 되었답니다.

DAY 07 · 44쪽

문장 익히기
1. ① 친구들과
   ② 민지와
   ③ 민지와
2. 시합하다, 어울리다, 다투다, 결혼하다, 겨루다, 맞서다

한 줄 글쓰기
1. ① 스님들은 – 농부들과 – 힘을 합해 홍수를 막았습니다.
   ② 백성들은 – 왜군과 – 맞서 싸웠습니다.
   ③ 호동왕자는 – 낙랑공주와 – 결혼했습니다.
2. ① 친구와, 동생과, 누나와
   ② 하마와, 코뿔소와
   ③ 청바지와, 스카프와, 빨간 외투와

세 줄 글쓰기
농부는 마을 사람들과 의논해서, 무를 사또에게 선물했어요. 귀한 무를 받은 사또는 이방과 의논해서, 농부에게 송아지를 선물했어요. 농부는 커다란 무를 송아지와 맞바꾼 것이지요.

DAY 08 · 48쪽

문장 익히기
1. ① 집으로
   ② 주방으로
   ③ 식탁에
2. ① 방으로, 도서관으로, 가게로
   ② 회사에, 학교에, 취미 교실에

한 줄 글쓰기
1. ① 아빠는 안경을 – 책상에 – 올려놓았습니다.
   ② 인공위성이 – 궤도에서 – 벗어났습니다.
   ③ 도깨비는 – 오두막으로 – 들어갔습니다.
2. ① 집에, 학교에, 버스에
   ② 회사에서, 병원에서
   ③ 풀숲으로, 사슴떼 사이로

세 줄 글쓰기
원님은 무사히 이승에 내려왔어요. 그리고 이튿날 원님은 덕진 아가씨의 주막에 찾아갔어요. 원님은 그간 있었던 이야기를 하며, 쌀 삼백 석을 덕진 아가씨에게 가져다 주었어요. 덕진 아가씨는 그 쌀을 팔아, 사람들이 편히 다닐 수 있도록 강에 다리를 놓았어요.

DAY 09 · 52쪽

문장 익히기
1. ① 민지와 친구들에게
   ② 원주에게
   ③ 원주와 친구들에게
2. ① 다람쥐에게 알밤을, 토끼에게 먹이를, 우리에게 상장을
   ② 가족에게 소식을, 주민들에게 위험을, 엄마에게 시험 결과를

한 줄 글쓰기
1. ① 제비는 – 흥부에게 – 박씨를 물어다 주었습니다.
   ② 이 이야기는 – 어린이들에게 – 꿈과 희망을 주었습니다.
   ③ 엄마는 – 동생에게 – 심부름을 시켰습니다.
2. ① 선생님께, 친구 진수에게
   ② 호랑이에게, 도깨비에게
   ③ 아빠에게, 어렸을 적 친구에게

세 줄 글쓰기
얼마 후 하늘나라 임금님은 세 동물을 불렀어요. 그리고 닭에게 붉은 볏을 내려 주었어요. 또 개에게 다리 하나를 더 달아 주었어요. 하지만 게으른 돼지에게는 짧은 코를 붙여 주었어요.

DAY 10 · 56쪽

문장 익히기
1 ① 친구(로)
   ② 아기로
   ③ 행운의 상징으로
2 ① 친구로, 스승으로
   ② 동생으로, 친자식으로

한 줄 글쓰기
1 ① 나는 앞으로 '시간은 금이다'라는 말을 – 교훈으로 – 삼겠습니다.
   ② 옛사람들은 스승을 – 부모로 – 여기고 정성껏 모셨습니다.
   ③ 장수는 매듭 지어진 풀을 – 행운으로 – 여겼습니다.
2 ① 제자로, 자식으로
   ② 가족으로, 친구로, 형제로
   ③ 범인으로, 스승으로

세 줄 글쓰기
무쇠손이는 무쇠 같은 신발을 깃털로 여겨 신고 다녔어요. 또 큰배손이는 큰 배를 집으로 삼아 들고 다녔지요. 이렇게 다섯 친구는 서로를 형제로 삼고 의지하며 세상 여행을 했어요.

재미점 2 · 60쪽

개미는 – 거미와 – 달라요.
호랑이는 – 두꺼비와 함께 – 떡시루잡기를 – 겨루었어요.
민기는 – 호주머니에 – 동전을 – 넣었어요.
지수는 – 할머니에게 – 선물과 편지를 – 보냈어요.
농부들은 – 땅을 – 보물로 – 여겼어요.

DAY 11 · 64쪽

문장 익히기
1 ① 새
   ② 저, 하얀
   ③ 모든
2 무섭다–무서운, 차갑다–차가운, 지저귀다–지저귀는, 달리다–달리는, 어둡다–어두운, 좋다–좋은, 시끄럽다–시끄러운, 세차다–세찬

한 줄 글쓰기
1 ① 주원이는 영화에서 – 커다란 – 공룡을 보았습니다.
   ② 잔디밭 위로 – 귀여운 – 아기가 걸어갑니다.
   ③ 냉동실에서 물은 – 딱딱한 – 얼음이 되었습니다.
2 ① 새, 헌
   ② 이, 그, 저
   ③ 한, 두, 세, 여러

세 줄 글쓰기
혹부리 할아버지는 산길을 헤매다 한 오두막을 찾았어요. 집에 들어선 할아버지는 무서워서 일부러 쩌렁쩌렁한 목소리로 노래를 불렀어요. 신나는 노래를 듣고 온갖 도깨비들이 몰려왔어요. "이 노래 말고 다른 노래도 불러 주세요!" 혹부리 할아버지는 도깨비들과 춤을 추고 노래를 부르며 신나게 놀았어요.

DAY 12 · 68쪽

문장 익히기
1 ① 뜨겁게, 눈부시게
   ② 이리저리
   ③ 몽땅
2 밝게, 몽땅, 세차게, 다, 깨끗하게, 정말, 전부, 우두커니

한 줄 글쓰기

1 ① 토끼는 – 재빨리 – 바위 뒤에 숨었습니다.
　② 숲속에서 소쩍새가 – 구슬프게 – 노래합니다.
　③ 식당에서 먹은 카레는 – 약간 – 매웠습니다.
2 ① 빨갛게, 예쁘게, 향기롭게
　② 재빨리, 신나게
　③ 약간, 정말, 굉장히

세 줄 글쓰기

알고 보니 그 소리는 도깨비들이 방망이를 신나게 두드리는 거였어요. 한참이 지나 배가 고픈 총각은 배가 고파 개암 열매를 몰래 깨물었어요. 그 소리에 도깨비들은 깜짝 놀라 방망이를 버리고 부리나케 달아났어요. 총각은 도깨비가 버리고 간 방망이를 가지고 집으로 돌아가 큰 부자가 되었답니다.

DAY 13 · 72쪽

문장 익히기

1 ① 쏴쏴
　② 윙윙, 귀뚤귀뚤
　③ 까강까강
2 ① 끙끙, 냠냠, 꼬르륵, 아삭, 와글와글, 웅얼웅얼, 쿨쿨
　② 야옹, 멍멍, 삐약삐약, 꽉꽉, 음메, 으르렁, 어흥, 깍깍, 귀뚤귀뚤, 맴맴

한 줄 글쓰기

1 ① 우유를 한번에 – 꿀꺽꿀꺽 – 마셨습니다.
　② 우리 안에 사자가 – 어흥 – 하고 울었습니다.
　③ 접시가 – 쨍그랑 – 하고 깨졌습니다.
2 ① 맴맴, 짹짹, 깍깍
　② 쿨쿨, 쌔근쌔근, 드르렁드르렁
　③ 둥둥, 동동

세 줄 글쓰기

절구통은 하늘로 휭휭 날아올라 달나라에 뚝 떨어졌어요. 절구통은 달나라 골짜기에 데구루루 굴러 떨어졌지요. 달나라에 살던 토끼들은 절구통을 보고 짝짝 박수를 쳤어요. 그래서 지금도 달나라 토끼들은 덩더꿍 떡방아를 찧고 있대요.

DAY 14 · 76쪽

문장 익히기

1 ① 반짝반짝, 나풀나풀
　② 깡충깡충
　③ 모락모락, 새근새근
2 보글보글–부글부글, 살금살금–슬금슬금, 동동–둥둥, 반짝반짝–번쩍번쩍, 상큼상큼–성큼성큼, 깡충깡충–껑충껑충, 조랑조랑–주렁주렁, 뱅글뱅글–빙글빙글, 모락모락–무럭무럭

한 줄 글쓰기

1 ① 꽃밭에 나비가 – 훨훨 – 납니다.
　② 밤이 되자 보름달이 – 두둥실 – 떠올랐습니다.
　③ 나무에 감이 – 주렁주렁 – 열렸습니다.
2 ① 느릿느릿, 성큼성큼, 어슬렁어슬렁
　② 또르르, 데굴데굴
　③ 멀뚱멀뚱, 우두커니, 엉거주춤

세 줄 글쓰기

호랑이의 속셈을 눈치챈 두꺼비는 떡을 꿀떡 먹어 치웠어요. 호랑이는 멋도 모른채 떡시루를 굴렸어요. 떡시루가 산 아래로 떼굴떼굴 굴러 내려갔어요. 호랑이는 헐레벌떡 떡시루를 쫓아 껑충껑충 달려갔어요. 하지만 두꺼비는 히죽히죽 웃으며 느릿느릿 그 뒤를 따라 내려갔어요.

DAY 15 · 80쪽

문장 익히기

1 ① 봄에는
　② 남쪽 하늘에서
　③ 연못에서

2 ① 봄에, 여름에, 가을에, 겨울에, 아침에, 점심에, 저녁에, 어제, 오늘, 내일, 지금, 주말,
　② 집, 학교, 공원, 시장, 방, 제주도, 이탈리아, 달나라

한 줄 글쓰기

1 ① 어제 민지는 – 공원으로 – 소풍을 갔었습니다.
　② 지금 영수는 – 수영장에서 – 수영을 하고 있습니다.
　③ 내일 우리는 – 집에서 – 대청소를 할 거예요.
2 ① 오후에, 저녁에, 조금 전에
　② 공원에서, 놀이터에서, 운동장에서
　③ 차 안에, 책상 위에, 서랍 속에

세 줄 글쓰기

할아버지는 삼 년 고개에서 넘어진 뒤, 집으로 돌아오자마자 자리에 누웠어요. 손자는 할아버지를 모시고 삼 년 고개로 갔어요. "아까 넘어졌으니 3년을 사시는 거고, 지금 넘어지면 6년을 사실 거예요." 손자의 재치에 할아버지는 고개에서 몇 번이고 데굴데굴 굴렀어요

DAY 16 · 88쪽

문장 익히기

1 ① 예를 들어
　② 그리고
　③ 등
2 ① 연필, 지우개, 자, 가위, 풀, 색종이, 공책, 색연필
　② 맑음, 흐림, 가랑비, 안개, 함박눈, 소슬비, 소나기, 우박, 번개

한 줄 글쓰기

1 ① 달콤한 맛을 내는 음식 – 딸기 – 오렌지 – 아이스크림 – 엿 – 케이크
　② 우리가 자주 가는 병원 – 치과 – 소아과 – 이비인후과
　③ 구름의 다양한 종류 – 새털구름 – 뭉게구름 – 비늘구름 – 먹구름
2 ① 우리는 혀로 많은 맛을 느낍니다. 달콤한 맛을 내는 음식에는 딸기, 오렌지, 아이스크림, 엿, 케이크 등이 있어요.
　② 우리는 아프면 병원에 가지요. 우리가 자주 가는 병원에는 치과, 소아과, 이비인후과 등이 있어요.
　③ 구름에는 다양한 종류가 있어요. 예를 들어 새털구름, 뭉게구름, 비늘구름, 먹구름 등이 있어요.

세 줄 글쓰기

또 새는 여러 가지 형태의 둥지를 지어요. 예를 들어 동그란 공 모양 둥지를 짓기도 하고, 길쭉한 둥지를 만들기도 해요. 만드는 재료도 다양해서, 지푸라기와 진흙으로 둥지를 짓기도 하고, 나뭇가지로 둥지를 엮기도 해요.

DAY 17 · 92쪽

문장 익히기

1 ① 처럼
　② 마치
　③ 처럼, 같아요
2 ① 솜사탕, 양털, 이불, 코끼리
　② 황금, 모래알, 아기 눈, 꽃송이

한 줄 글쓰기

1 ① 뭉게구름 – 뭉게뭉게 피어오르는 연기
　② 백혈구 – 적군과 싸우는 병사
　③ 북두칠성 – 국자 모양
2 ① 뭉게구름은 마치 뭉게뭉게 피어오르는 연기처럼 둥근 구름이 겹겹이 쌓여 있어요.
　② 백혈구는 적군과 싸우는 병사 같아서, 우리 몸에 들어온 나쁜 병균을 물리지요.
　③ 밤하늘에 드리운 은하수는 마치 강물이 흐르는 것처럼 수많은 별들이 길게 늘어서 있어요.

세 줄 글쓰기

우리의 생명은 마치 하나의 씨앗과도 같아요. 엄마 배 속에 있던 아이가 태어나는 모습은 마치 땅속에 있던 씨앗이 새싹을 틔우는 모습과 같아요. 또 아이가 건강하게 자라나는 모습은 마치 꽃들이 색색의 꽃망울을 터트리는 모습처럼 아름답지요.

DAY 18 · 96쪽

문장 익히기

1. ① 모두
   ② 다른 점이라면
   ③ 이와 달리
2. ① 같은 점: 풍뎅이과에 속하는 곤충으로, 딱딱한 등껍질이 있다. 나무 수액을 먹으며 산다. 모두 여름에 활동하는데 주로 밤에 활동하고 낮에는 나무 밑이나 흙속에서 쉰다.
   ② 다른 점: 장수풍뎅이는 길쭉한 뿔이 있고, 사슴벌레는 집게 모양의 턱을 가지고 있다. 장수풍뎅이는 사슴벌레보다도 힘이 세다. 그리고 사슴벌레는 어른이 되어 겨울을 보내지만, 장수풍뎅이는 애벌레의 상태로 겨울을 난다. 사슴벌레는 장수풍뎅이보다 더 오래 산다.

한 줄 글쓰기

1. ① 저울과 자 – 같은 점: 무언가를 측정하는 도구
      다른 점: 무게를 재는 것, 길이를 재는 것
   ② 의성어와 의태어 – 같은 점: 흉내 내는 말
      다른 점: 소리를 흉내 낸 말, 모습을 흉내 낸 말
   ③ 말과 글 – 같은 점: 의사소통하는 도구
      다른 점: 형태가 없음, 형태가 있음
2. ① 저울과 자는 무언가를 측정하는 도구예요. 저울은 무게를 재는 도구이고, 자는 길이를 재는 도구예요.
   ② 의성어와 의태어는 모두 흉내 내는 말이에요. 의성어는 소리를 흉내 낸 말이고, 의태어는 모습을 흉내 낸 말이에요.
   ③ 말이나 글은 모두 의사소통하는 도구입니다. 다른 점이라면 말은 형태가 없고, 글은 형태가 있다는 것입니다.

세 줄 글쓰기

개미와 거미도 모두 곤충처럼 보이지요. 하지만 다른 점이 있어요. 개미는 땅을 기어다니지요. 또 몸이 머리, 가슴, 배로 나뉘어 있고 발이 세 쌍이에요. 그러나 거미는 공중에 거미줄을 쳐서 그 위를 타고 다니지요. 그리고 몸은 머리가슴과 배로 나뉘어 있고 발이 네 쌍이에요.

DAY 19 · 100쪽

문장 익히기

1. ① 먼저
   ② 그리고/또
   ③ 마지막으로
2. ① 나무: 잎, 열매, 꽃, 가지, 뿌리 등
   ② 지구: 바다, 육지, 호수, 강, 산 등

한 줄 글쓰기

1. ① 시계의 침 – 시간을 가리키는 시침, 분을 가리키는 분침, 초를 가리키는 초침
   ② 고인돌의 구조 – 무덤방 위를 덮는 덮개돌, 무덤방 주위에 세우는 고임돌
   ③ 나라의 구성 요소 – 국토, 국민, 주권
2. ① 시계에는 침이 세 개 있어요. 시간을 가리키는 시침과 분을 가리키는 분침, 그리고 초를 가리키는 초침이 있어요.
   ② 고인돌은 청동기 시대의 무덤이에요. 고인돌은 무덤방 위를 덮는 덮개돌과 무덤방 주위에 세우는 고임돌로 이루어져 있어요.
   ③ 나라를 이루는 데는 무엇이 필요할까요? 국민과 국토, 주권이라는 세 가지가 필요해요.

세 줄 글쓰기

피 속에는 적혈구, 백혈구, 혈소판이 있으며, 각기 다른 역할을 하지요. 먼저 적혈구는 온몸 구석구석으로 산소를 실어나르는 역할을 합니다. 그리고 백혈구는 몸속으로 들어온 병균으로부터 우리 몸을 지켜 줍니다. 마지막으로 혈소판은 피를 멎게 하는 역할을 하지요.

DAY 20 · 104쪽

문장 익히기

1. ① 만약
   ② 아마

③ 어쩌면
2 나는 매일 피자를 먹을 거야. 음식을 하지 않아도 돼어 엄마가 아주 편할 거예요. 외식을 안 해도 되니까 어쩌면 심심할 것 같아요

한 줄 글쓰기

1 ① 세종대왕이 백성을 사랑하지 않았다면 – 한글을 만들지 않음 – 한글이 만들어지지 않았다면 – 우리는 지금 글을 읽거나 쓰지 못함
② 우리 몸에 감각이 없다면 – 아픔을 느낄 수 없음 – 아픔을 느끼지 못하면 – 건강을 해치거나 위험한 상태에 빠짐
2 ① 만약 세종대왕이 백성들을 사랑하지 않았다면, 백성이 쉽게 배우고 익힐 수 있는 한글을 만들지 않았을 거예요. 한글이 만들어지지 않았다면, 우리는 지금 글을 읽거나 쓰지 못할 거예요.
② 우리에게 감각이 없다면, 아픔을 느낄 수 없을 거예요. 아픔을 느끼지 못하면 우리는 몸이 아파도 아픈 줄 몰라서, 건강을 해치거나 위험한 상태가 될 수 있어요.

세 줄 글쓰기

자연을 보호하지 않는다면 공기나 물은 점점 더러워질 거예요. 공기가 탁해지면 우리는 매일 두꺼운 마스크를 쓰고 다녀야 할 거예요. 물이 더러워지면 우리는 더러운 물을 먹어서 병에 걸릴지도 몰라요.

재미잼 4 · 108쪽

DAY 21 · 112쪽

문장 익히기

1 ① 그리고
② 또
③ 그리고
2 ① 하얀 목련이 피었다, 빨간 장미가 피었다, 초록 새싹이 났다
② 노래 부르는 것을 좋아한다, 책 읽는 것을 좋아한다, 그림 그리는 것을 좋아한다

한 줄 글쓰기

1 ① 혀로 느끼는 맛 – 설탕의 단맛, 약의 쓴맛, 소금의 짠맛, 레몬의 신맛
② 물질의 상태 – 돌 같은 고체 상태, 물 같은 액체 상태, 공기 같은 기체 상태
2 ① 우리가 혀로 느끼는 맛은 정말 다양해요. 설탕에서 느껴지는 단맛, 또 약에서 느껴지는 쓴맛과 소금에서 느껴지는 짠맛, 그리고 레몬에서 느껴지는 신맛이 있어요.
② 우리 주위에 있는 대부분의 물질은 세 가지 상태로 존재해요. 돌 같은 고체 상태와 물 같은 액체 상태, 그리고 공기 같은 기체 상태로 존재해요.

세 줄 글쓰기

장영실이 만든 발명품은 정말 많아요. 별의 위치를 알려 주는 간의와 별의 움직임을 관측할 수 있는 혼천의를 만들었어요. 그리고 세계 최초로 비가 내린 양을 재는 기구인 '측우기'를 만들었고, 막대기의 그림자 위치로 시간을 측정하는 해시계인 앙부일구를 만들었습니다.

DAY 22 · 116쪽

문장 익히기

1 ① 그러나
② 하지만

2 ① 씩씩하게 지냈다.
　② 남다른 손재주로 뛰어난 발명품을 만들었다.
　③ 공해 물질을 많이 만들어서 환경을 오염시킨다.

한 줄 글쓰기

1 ① 화약 – 광산을 개발하거나 도로를 놓는데 쓰여 사람들에게 도움을 줌. – 총이나 대포로 개발되어 사람들의 목숨을 빼앗는데 사용됨.
　② 헬렌켈러 – 눈이 보이지 않고 귀가 들리지 않고 말을 하지 못하는 장애가 있었음. – 어린이나 노인, 장애인에 대한 사람들의 생각을 바꿔 놓기 위해 평생 노력함.
2 ① 화약이 발명된 뒤, 화약은 광산을 개발하거나 도로를 놓는데 쓰여 사람들에게 도움을 주었어요. 하지만 화약은 총이나 대포로 개발되어 사람들의 목숨을 빼앗는데도 사용되었어요.
　② 헬렌켈러는 눈이 보이지 않고 귀가 들리지 않고, 말을 하지 못하는 장애가 있었어요. 하지만 헬렌켈러는 장애를 이겨내고 장애인을 위한 복지 시설을 짓고, 어린이나 노인, 장애인에 대한 사람들의 생각을 바꿔 놓기 위해 평생 노력하였어요.

세 줄 글쓰기

흥부는 다친 제비를 발견하자 얼른 제비 다리를 고쳐서 다시 날려 보내주었어요. 그러나 놀부는 일부러 제비를 잡아와 다리를 부러뜨린 뒤 놓아 주었어요. 그래서 흥부는 제비에게 보물이 열리는 박씨를 선물 받아 큰 부자가 되었어요. 하지만 놀부는 제비에게 도깨비가 나오는 박씨를 받아서 혼쭐이 났지요.

DAY 23 · 120쪽

문장 익히기

1 ① 먼저
　② 그리고 나서
　③ 마지막에는
2 ①잠옷을 갈아입는다. ②침대를 정리한다. ③세수를 한다. ④책가방을 정리한다. ⑤아침밥을 먹는다. ⑥학교에 간다.

한 줄 글쓰기

1 ① 운동회 날 – 오전: 줄다리기 시합 – 점심: 도시락 먹음. – 오후: 달리기 시합
　② 한강의 물줄기 – 발원지: 태백산맥 – 중류: 강원도와 충청도, 경기도 – 하류: 서울을 지나 서해로
2 ① 오늘은 운동회 날이었습니다. 오전에는 줄다리기 시합을 했어요. 점심에는 엄마가 싸준 맛있는 도시락을 먹었어요. 오후에는 달리기 시합을 했어요.
　② 한강은 우리나라 동쪽에서 시작해 서쪽으로 흐르는 긴 강이에요. 처음에는 태백산맥에서 흐르기 시작하지요. 그리고 강원도와 충청도, 경기도를 차례로 지난 뒤, 서울로 흘러들어요. 마지막으로 서울을 지나 서해로 흘러가요.

세 줄 글쓰기

편지를 쓸 때는 맨 위에 편지를 받는 사람의 이름을 적고 안부를 묻습니다. 중간에는 편지를 쓴 이유나 전하고 싶은 말을 적습니다. 그리고 작별 인사를 합니다. 마지막에는 편지를 쓴 날짜와 보내는 사람의 이름을 씁니다.

DAY 24 · 124쪽

문장 익히기

1 ① 왜냐하면, 때문이에요
　② 왜냐하면, 때문이에요
2 ① 파란색, 파란 하늘이나 바다가 떠올라 마음이 편해지기 때문이다, 바람처럼 시원한 느낌이 들기 때문이다
　② 사과, 달콤한 맛에 아삭한 씹는 맛이 좋기 때문이다, 작고 향기로운 사과꽃을 좋아하기 때문이다

한 줄 글쓰기

1 ① 동물의 겨울잠 – 먹을 것이 부족함 – 활동 에너지가 많이 필요함
　② 무당벌레는 농부의 친구 – 식물에 붙은 진딧물을 먹음

③ 지렁이는 땅의 수호자 – 낙엽을 먹고 난 뒤 영양가 있는 배설물을 내놓음

2 ① 어떤 동물은 날이 추워지면 겨울잠을 자며 겨울을 나요. 왜냐하면 추운 겨울에는 먹을 것이 부족하고, 활동 에너지가 많이 필요하기 때문이에요.
② 무당벌레는 농부들의 친구예요. 왜냐하면 무당벌레는 식물에 붙은 진딧물을 먹어서, 식물을 잘 자라게 해주기 때문이에요.
③ 지렁이는 땅의 수호자라고 불려요. 왜냐하면 지렁이는 낙엽을 먹고 난 뒤 영양가 있는 배설물을 내놓아서, 땅을 기름지게 해주기 때문이에요.

세 줄 글쓰기

충분히 잠을 자지 않으면 왜 생활과 건강에 나쁜 영향을 줄까요? 왜냐하면 피곤해서 일상생활을 알차게 보낼 수 없기 때문이에요. 또 마음이 불안해지고 집중할 수 없기 때문이에요. 그리고 면역력이 떨어져서 병에 쉽게 걸릴 수도 있기 때문이지요.

DAY 25 · 128쪽

문장 익히기

1 ① 그래서
② 그래서
③ 그랬더니

2 ① 아침에 늦게 일어났다, 아침 밥맛이 없었다, 수업 시간에 졸았다.
② 몸이 건강해졌다, 체력이 좋아졌다, 생활이 즐거워졌다

한 줄 글쓰기

1 ① 봄과 여름에 긴 장마가 짐 – 농작물이 제대로 자라지 못함 – 나라에 큰 흉년이 듦
② 길이를 재는 자가 없음 – 신체 부위를 이용한 단위를 고안 – 인치라는 단위를 사용

2 ① 봄과 여름에 긴 장마가 계속됐어요. 그래서 농작물은 제대로 자라지 못했어요. 결국 나라에는 큰 흉년이 들었어요..
② 옛날에는 길이를 잴 수 있는 자가 없었어요. 그래서 신체 부위를 이용한 단위를 생각해 냈어요. 그래서 손가락 마디를 기준으로 한 인치를 사용하기 시작했어요.

세 줄 글쓰기

이렇게 화석연료를 많이 사용하자 공해는 날로 심해졌어요. 공해가 심해지자 온실가스 때문에 지구의 온도가 점점 올라갔어요. 그랬더니 극지방의 빙하가 녹아내렸지요. 결국 북극곰과 같은 동물들은 살 곳을 잃게 되었어요.

재미점 5 · 132쪽

1. 깊은 산속에 호랑이가 살고 있었어요. 겨울이 되자 호랑이는 먹이를 구하러 마을까지 어슬렁어슬렁 내려왔어요.

2. 어느 집 앞을 지나는데, 집에서 아기 울음소리가 들렸어요. 그러자 아기 엄마가 작은 목소리로 말했어요. "쉿, 밖에 무서운 호랑이가 왔네. 뚝!" 호랑이는 깜짝 놀랐지요. '아니, 내가 온 걸 어찌 알았지?' 하지만 아기는 더 큰 소리로 울었어요.

3. 그러자 아기 엄마가 조용히 말했어요. "여기 곶감이다. 뚝 그치렴." 그러자 아기는 정말 울음을 뚝 그쳤어요. 호랑이는 잔뜩 겁을 먹었어요. '세상에, 나보다 더 무서운 놈이 있다니! 얼른 도망가야겠다.' 호랑이는 덜덜 떨며 외양간으로 숨었어요.

4. 그때였어요. 한 도둑이 외양간으로 살금살금 다가오더니 호랑이 등에 덥석 올라타는 게 아니겠어요? 송아지 도둑이 외양간에 숨은 호랑이를 송아지인 줄 알았던 거예요. 오히려 호랑이는 도둑이 무서운 곶감인 줄 알고 기겁하여 달아나기 시작했어요.

5. 그제서야 도둑은 자기가 송아지가 아닌 호랑이 등에 올라탄 것을 알게 되었어요. 도둑은 떨어지지 않으려고 호랑이 목에 찰싹 매달렸어요. 그럴수록 호랑이는 더 놀라 마구 날뛰었지요. 등에 찰싹 붙은 무서운 곶감을 떼어내려고 말이에요.

6. 호랑이가 덤불을 지날 때 도둑은 재빨리 호랑이 등에서 내려 도망갔어요. '휴, 하마터면 호랑이 밥이 될 뻔했네.' 호랑이도 한숨을 내쉬었어요. '후, 하마터면 곶감에게 잡힐 뻔했어.' 그 후로 도둑과 호랑이는 마을에 얼씬도 안했대요.

부록 2 자주 쓰는 의성어, 의태어

우리 말에는 소리나 모양을 흉내 내는 말이 있어요. 이것을 의성어, 의태어라고 하는데, 이런 말을 사용하면 그 모습이 눈앞에 펼쳐지는 듯 생생한 감동을 느낄 수 있어요.

여기 우리가 생활에서 자주 사용하는 의성어와 의태어를 갈래지어 두었어요. 어떤 느낌이 드는 지 여러분도 자주 소리 내어 말해 보세요. 우리말을 다양하고 예쁘게 표현할 수 있답니다.

동작1

갈팡질팡	빈둥빈둥	절뚝절뚝
끙끙	사뿐사뿐	차근차근
뒤뚱뒤뚱	술술	터벅터벅
들락날락	어슬렁어슬렁	폴짝
뚝딱	얼렁뚱땅	헐레벌떡
머뭇머뭇	엉거주춤	흐지부지

동작2

고래고래	벌컥벌컥	우걱우걱
꺽	부스스	우물쭈물
꼬르륵	새근새근	웅얼웅얼
꼴깍	소곤소곤	중얼중얼
꾸벅	시끌벅적	질겅질겅
냠냠	아삭	쭉
느릿느릿	오물오물	쿨쿨
더듬더듬	오손도손	투덜투덜
드르렁	와글와글	허겁지겁
또박또박	왁자지껄	호록

감정

고래고래	생글	철렁
깔깔	싱글벙글	콩닥콩닥
꺽꺽	엉엉	털썩
벌벌	옥신각신	티격태격
부들부들	울먹울먹	헤벌쭉
불끈	으르렁으르렁	호호
빙긋	찔끔	훌쩍훌쩍

모양

까칠까칠	미끌미끌	오동통
깜깜	반짝반짝	올망졸망
드문드문	발그레	우르르
들쑥날쑥	방울방울	울긋불긋
띄엄띄엄	보들보들	파릇파릇
멀뚱멀뚱	북적북적	토실토실
물렁물렁	알록달록	희끗희끗

상태

굽이굽이	물끄러미	솔솔
깜빡깜빡	보슬보슬	송알송알
꼬불꼬불	부랴부랴	엉금엉금
꾸물꾸물	삐뚤빼뚤	와르르
나풀나풀	사각사각	우두커니
덥썩	산들산들	초롱초롱
모락모락	살랑살랑	펑펑

부록 3 즐거운 일기 쓰기

　일기는 오늘 하루 겪은 일 중에서 기억에 남는 일을 쓰는 거예요. 시간이 지나면 기억이 잘 나지 않으니, 일기는 매일 쓰는 것이 좋아요. 좋았던 일, 나빴던 일, 슬펐던 일을 생각하며 자신의 마음도 잘 정리할 수 있어요. 그러니 일기는 무엇보다 솔직하게 쓰는 것이 좋아요.

　그런데 매일 비슷한 일만 일어나니까 쓸 것이 별로 없다고요? 그렇다면 다양한 소재로 일기를 써 보세요. 일기에는 매일 있었던 일을 적는 생활 일기 외에도 다양한 종류가 있어요.

- 생활 일기: 그날 있었던 일을 적는 일기.
- 견학 일기: 박물관이나 전시를 관람하고 감상을 적는 일기.
- 여행 일기: 여행지에 대한 감상을 적는 일기.
- 독서 일기: 읽었던 책을 소재로 감상을 적는 일기.
- 관찰 일기: 생물 등을 관찰한 내용과 감상을 적는 일기.
- 상상 일기: 어떤 일을 소재로 상상하여 적는 일기.
- 편지 일기: 자기에게 쓰는 편지처럼 쓰는 일기.

　일기를 쓰다 보면 매일 비슷한 내용만 간단하게 적게 되지요. 그럴 때는 내 마음에 귀를 기울여 보세요. 똑같은 일이라도 내 기분이 어땠는지, 상대의 마음은 어땠을지 생각하다 보면 같은 상황이라도 다른 내용이 되니까요. 다음 내용을 참고하여 쓰면 더욱 풍성한 일기가 될 거예요.

1. 시간의 흐름에 따라, 어디에서 무엇을 했는지 생각하세요.
2. 누구와 함께 있었나요? 무슨 이야기를 나누었나요?
3. 나의 기분은 어땠나요? 상대방의 기분은 어땠을까요?
4. '~했다면' 하고 상상해 보세요. 어떤 일이 벌어질까요?

날짜: 6월 29일 금요일   날씨: 더워서 땀을 뻘뻘 흘림

제목: 해님은 언제 휴가를 가지?

아침부터 해가 쨍쨍 내리쬐어서 정말 더웠다. 학교를 마치고 성주랑 같이 수영장에 갔다. 물놀이를 하는데 해님이 가여웠다. 하루 종일 얼마나 뜨거울까. 해님도 시원한 곳으로 휴가를 가면 좋겠다고 생각했다. 그러면 해님도 쉬고, 나도 시원할 텐데.

● 오늘 있었던 일을 그림 일기로 써 보세요.

날짜:　　　　　　　날씨:

제목:

4 뚝딱, 독서카드 쓰기

　책을 읽고 나서 그 내용을 정리한 것을 독서록이라고 해요. 책을 읽었더라도 하루, 이틀 지나면 책의 내용이나 감상도 점점 잊게 되지요? 그래서 책을 읽고 독서록을 쓰면 줄거리를 정리하고, 인상 깊었던 점을 정리해서 독사록을 쓰면 책의 내용을 완전히 자기 것으로 만들 수 있어요.

　하지만 처음부터 길게 독서록을 적는 것은 매우 힘들어요. 이럴 때는 간단하게 카드 형식으로 적어도 좋아요. 이것을 독서카드라고 하는데, 다음과 같은 내용을 적으면 됩니다.

책 이름	삼 년 고개	읽은 날	○월 ○일
지은이	모름	출판사	○○출판사
등장 인물	할아버지, 할머니, 손자		
줄거리	한 번 넘어지면 3년 밖에 못 산다는 삼 년 고개에서 할아버지가 넘어지고 큰 시름에 잠겼다. 손자가 꾀를 내어 할아버지를 삼 년 고개에서 많이 넘어지게 해서, 할아버지의 걱정을 덜어주었다.		
느낌	나쁜 일이 일어났지만 좋게 생각하면 오히려 더 좋은 일이 생길 수도 있다는 것을 알게 되었다.		

❂ 오늘 읽었던 책을 독서카드에 정리해 보세요.

책 이름		읽은 날	
지은이		출판사	
등장인물			
줄거리			
느낌			

5 읽기 쉽게 띄어쓰기

우리가 서로 이야기를 나눌 수 있는 이유는 무엇일까요? 같은 말을 사용하기 때문이에요. 그런데 같은 말이라도 규칙이 서로 다르다면 이해할 수 있을까요? 이처럼 우리는 맞춤법에 맞추어 말을 하고 글을 쓰기 때문에 상대방의 뜻을 바르게 이해할 수 있는 거예요.

그중 띄어쓰기는 아주 중요해요. 위 그림처럼, 말할 때 모든 낱말을 이어서 말한다면 제대로 알아들을 수 없겠지요? 이처럼 띄어쓰기도 낱말 단위로 쉬는 곳에서 띄어 쓰기로 정한 약속이에요.

띄어쓰기 규정

띄어쓰기는 뜻에 따라 띄어 쓴다고 생각하면 쉬워요. 낱말 단위로 띄어 쓰는데, 도움을 주는 낱말들을 붙여 쓰기도 하지요. 자세한 규정을 알아볼까요?

❶ 낱말과 낱말은 띄어 써요

| 서 | 쪽 | V | 하 | 늘 | V | 무 | 지 | 개 |

✿ 다음 글을 원고지에 써 보세요. 생일파티초대장

| | | V | | | V | | | |

❷ 조사는 앞말에 붙여 써요.

| 쟁 | 반 | 처 | 럼 | V | 둥 | 근 | V | 달 |

✿ 다음 글을 원고지에 써 보세요. 강아지가나를따라와요.

| | | | | V | | | V | | | . |

❸ 꾸며 주는 말은 뒷말과 띄어 써요.

| 노 | 란 | V | 꽃 | 이 | V | 정 | 말 | V | 예 | 쁘 | 다 | . |

✿ 다음 글을 원고지에 써 보세요. 커다란풍선과파란하늘

| | | | V | | | | V | | | V | | |

❹ 단위를 나타내는 말은 띄어 써요.

| 연 | 필 | V | 한 | V | 자 | 루 | , | 종 | 이 | V | 두 | V | 장 |

✿ 다음 글을 원고지에 써 보세요. 볍씨세톨, 우동네그릇

| | V | | V | | , | | V | | V | |

이외에도 몇 가지가 더 있어요.

❶ 의존명사는 앞말과 띄어 씁니다.
   ✪ 이건 먹을∨수가 없어

❷ 이어주거나 늘어놓을 때 쓰는 말은 띄어 씁니다.
   ✪ 무지개는 빨강, 노랑, 파랑∨등∨여러 색이 섞여 있어요.

❸ 성과 이름은 붙여 쓰고, 호칭이나 직업을 나타내는 말은 띄어 써요.
   ✪ 마술사∨이현주

다음 글을 원고지에 써 보세요.

〈도깨비 방망이〉

　　옛날 어느 마을에 늙은 부모님과 부지런한 총각이 살았어요. 총각은 효심이 깊어 나이 든 부모님을 정성을 다해 모셨어요.
　　어느 날 총각은 날이 어두워지는지도 모르고 산에서 나무를 하다가 허겁지겁 내려왔어요. 그런데 마을에 닿기도 전에 날이 저물고 말았어요. 총각은 빈집을 발견하고 하룻밤을 자기로 했어요.
　　한참 단잠을 자고 있는데 밖에서 시끄러운 소리가 들려왔어요. 화들짝 놀란 총각은 얼른 대들보 위에 숨었어요. 알고 보니 그 집은 바로 도깨비 집이었어요. 방으로 들어온 도깨비들은 방망이를 두드리며 놀기 시작했어요.

〈도깨비 방망이〉

지은이 **달별**

경희대학교를 졸업하고 학교에서 아이들을 가르치다가 지금은 글쓰는 일을 하고 있어요. 아이들이 올바른 글쓰기 습관을 익혀 자기의 마음을 편하게 표현하고 세상과 바르게 소통할 수 있기를 기대하며 열심히 책을 만들고 있어요.

감수 **안상현**

서울교육대학교 국어교육학과를 졸업하고, 10년간 학교에서 학생들과 함께 즐거운 경험을 쌓아가고 있어요.
학생들이 학교 오는 것을 즐겁게 생각하고, 행복한 학교 생활을 할 수 있도록 노력하고 있어요.
유튜브 채널 '초등교사안쌤'을 운영하며 즐거운 학교 생활을 위한 다양한 이야기를 공유하고 있어요.

 초등교사안쌤

오! 놀라운
하루 3줄
초등 글쓰기

초판 발행   2020년 12월 15일
초판 2쇄   2021년 4월 5일

지은이_달별
감수_안상현
기획·편집_권민서, 김효수   일러스트_정상영, 조예희, 이창우   디자인_손미나, 원더랜드(Wonderland)

발행인_이중우
펴낸곳_도서출판 다다북스
출판등록_제2020-000095호
주소_서울시 강서구 등촌로191, 3층   www.dadabooks.co.kr   mail@dadabooks.co.kr

© 달별, 2020

ISBN   979-11-971562-3-6 73700

▶ 잘못된 책은 구입한 서점에서 바꿔 드립니다.
▶ 이 책에 실린 모든 내용, 디자인, 이미지, 편집 구성의 저작권은 도서출판 다다북스에 있습니다.
   허락 없이 복제, 배포, 전송할 수 없습니다.

이야기 책 도안 (132~133쪽)